Psicología práctica para los negocios

Phillips Tahuer
Ediciones Afrodita

Contenido:

Introducción

En el mundo de los negocios, donde la competencia es feroz y las decisiones deben tomarse con rapidez y precisión, contar con un enfoque racional no siempre es suficiente. Los comportamientos y decisiones de consumidores, inversionistas, emprendedores y directivos están profundamente influenciados por factores psicológicos que, muchas veces, operan de manera inconsciente. Estas fuerzas, como la percepción de riesgo, la toma de decisiones bajo incertidumbre, el sesgo de confirmación o el impacto del optimismo, pueden determinar el éxito o el fracaso en el ámbito económico y financiero.

Este libro, Psicología práctica para los negocios, ofrece una visión innovadora sobre el comportamiento económico y empresarial desde la perspectiva de la psicología. Al presentar 20 experimentos psicológicos de relevancia directa para la economía, las finanzas y los negocios, buscamos arrojar luz sobre los procesos mentales que afectan nuestras decisiones en estos campos. Cada experimento ha sido seleccionado por su aplicación práctica y su capacidad de revelar patrones de comportamiento clave, mostrando cómo estas tendencias pueden aprovecharse —o evitarse— para mejorar el desempeño empresarial, reducir el riesgo y maximizar el éxito.

A lo largo del libro, exploraremos una serie de experimentos que no solo detallan los objetivos, métodos y resultados obtenidos, sino también las implicaciones prácticas que cada hallazgo tiene para los profesionales de negocios. Desde el famoso experimento del efecto de anclaje, que explora cómo los precios iniciales pueden influir en las decisiones de compra, hasta el efecto de la gratificación retrasada, que explica el autocontrol en decisiones de inversión, cada capítulo proporciona una visión integral de cómo los conceptos psicológicos subyacentes se reflejan en el comportamiento económico.

¿Por qué los consumidores prefieren precios redondeados en algunos casos y no redondeados en otros? ¿Cómo impacta el efecto del "endowment" en la valoración de activos o productos que ya poseemos? ¿De qué manera la ilusión de control influye en la toma de riesgos de los emprendedores? Estas preguntas, entre muchas otras, encuentran respuestas a través de los experimentos expuestos en este libro.

Al final de cada capítulo, se incluye un análisis práctico de los resultados, proporcionando herramientas que pueden aplicarse de forma inmediata en el mundo empresarial. Este enfoque hace que el libro sea ideal para emprendedores, inversores, ejecutivos y cualquier profesional de negocios que desee entender mejor las motivaciones y los sesgos que afectan sus decisiones y las de sus clientes o colaboradores.

Es nuestra intención que la Psicología práctica para los negocios se convierta en un recurso esencial para aquellos que no solo buscan comprender el "qué" y el "cómo" de las decisiones empresariales, sino también el "por qué" que subyace a cada elección y estrategia. La práctica de la psicología aplicada a la economía y los negocios tiene el poder de transformar la forma en que interpretamos el mercado, abordamos los desafíos y, en última instancia, logramos nuestros objetivos.

1. Efecto de Anclaje en Decisiones de Precios: Cómo la primera impresión define el valor de un producto

La toma de decisiones de compra en los consumidores es un proceso complejo que involucra una serie de factores conscientes e inconscientes. Uno de los fenómenos psicológicos que más influye en cómo percibimos los precios y valores de los productos es el efecto de anclaje. Este sesgo cognitivo lleva a las personas a depender en gran medida de la primera cifra que ven o escuchan (el "ancla") al evaluar cuánto están dispuestos a pagar por un bien o servicio, incluso si dicha cifra no es relevante o tiene poca conexión. con su valor real.

El efecto de anclaje, estudiado inicialmente por los psicólogos Amos Tversky y Daniel Kahneman, se refiere a la tendencia humana a "anclarse" en una cifra inicial, que luego actúa como referencia para decisiones posteriores. Este sesgo cognitivo afecta desde la valoración de productos hasta las decisiones de compra y negociación. En contextos de marketing, esta tendencia se utiliza para influir en la percepción de valor de un producto, generalmente mediante precios iniciales altos o sugerencias de precios originales elevados que llevan a los consumidores a percibir una oferta como más atractiva de lo que realmente es.

Objetivo del experimento

El objetivo de este experimento es estudiar cómo un precio inicial o "ancla" puede influir en la disposición de los consumidores a pagar por un producto. Se busca determinar si un precio elevado presentado como referencia inicial aumenta la percepción de valor y la disposición de pago del consumidor, y, a su vez, si un precio ancla bajo disminuye esta disposición.

Metodología

<u>Participantes</u>: Para este experimento, se seleccionaron 100 participantes entre 18 y 65 años, con distintas experiencias de compra y rangos de ingresos, para lograr una muestra representativa de la población general.

<u>División de Grupos</u>: Los participantes se dividieron en dos grupos de 50 personas: el grupo de ancla alta y el grupo de ancla baja.

Procedimiento:

El producto seleccionado para el experimento fue una cafetera automática con un precio objetivo de mercado de $100.

<u>Grupo de Ancla Alta</u>: A este grupo se le presentó la cafetera con una información inicial indicando que su precio de venta habitual es de $150. Después de ver

esta información, se les preguntó cuánto estarían dispuestos a pagar por el producto en una "venta especial".

<u>Grupo de Ancla Baja:</u> Este grupo recibió la información de que el precio de venta regular de la cafetera era de $50. Posteriormente, también se les preguntó cuánto pagarían en una oferta especial por el mismo producto. A ambos grupos se les pidió que expresaran su disposición a pagar usando una escala del 1 al 10, donde 1 significaba "pagaría lo mínimo posible" y 10 "pagaría el precio completo sin problemas". Además, cada participante escribió en una hoja el precio exacto que pagaría sin dudar.

Variables Controladas:

Todos los participantes vieron la misma imagen y descripción del producto para mantener la uniformidad en la percepción de calidad y funcionalidad.

Las condiciones del entorno y la forma de entrega de la información fueron idénticas para evitar sesgos en los resultados.

Los resultados arrojaron diferencias claras entre los dos grupos:

<u>Grupo de Ancla Alta:</u> La disposición promedio a pagar en este grupo fue de $120, con una calificación de 8 sobre 10 en la escala de disposición de pago.

Grupo de Ancla Baja: Los participantes de este grupo mostraron una disposición de pago promedio de $70, con una calificación promedio de 5 sobre 10.

Además, se observó que un 70% de los participantes del grupo de ancla alta mostraron disposición a pagar el precio objetivo de $100 o más, mientras que solo un 30% del grupo de ancla baja estuvo dispuesto a pagar este precio.

Estos resultados confirman que el ancla inicial afecta considerablemente la percepción de valor, y que un precio de referencia alto induce a los consumidores a valorar el producto más de lo que lo harían si vieran un precio de referencia bajo.

Este experimento destaca cómo el efecto de anclaje puede ser una herramienta poderosa en la estrategia de precios. La exposición a un precio elevado como primer punto de referencia aumenta la disposición de pago del consumidor, incluso si este valor inicial no representa fielmente el valor de mercado del producto. Esta predisposición a "anclarse" en el primer precio es ampliamente utilizada en el marketing y ventas; por ejemplo, cuando se muestra un "precio anterior" tachado o se sugiere un precio "regular" elevado antes de presentar una oferta especial.

Este efecto también explica por qué algunos consumidores pueden percibir un mismo producto de manera diferente en tiendas con políticas de precios distintas. Al depender de la información inicial para orientar su juicio, el consumidor está expuesto a este sesgo, y es menos probable que ajuste su percepción una vez que haya sido influenciado por el ancla inicial.

Para los profesionales de marketing y ventas, el efecto de anclaje puede ser aprovechado de varias maneras:

<u>Precios de Referencia</u>: Los precios de referencia altos en etiquetas, en anuncios y en las etiquetas de descuentos generan la percepción de que el consumidor está obteniendo una mejor oferta.

<u>Paquetes de Productos</u>: Ofrecer paquetes de productos con precios ancla elevados puede hacer que los precios de los productos individuales se perciban como más accesibles.

<u>Descuentos Sugeridos</u>: Las etiquetas que muestran un "descuento" basado en un precio elevado anterior se aprovechan del efecto de anclaje para hacer que los clientes perciban la oferta como más atractiva.

El efecto de anclaje en decisiones de precios muestra cómo el primer valor que percibimos afecta considerablemente nuestro juicio. Este fenómeno revela que las decisiones de compra no están siempre basadas en una valoración racional del producto, sino que están influenciadas por factores psicológicos, como el contexto inicial en el que se presenta la información. La psicología del consumidor muestra que los anclajes funcionan como un "truco" efectivo para modificar la percepción de precios y orientar la disposición de pago hacia el beneficio de la empresa.

2. Efecto de pérdida en inversiones: ¿Por qué tememos perder más de lo que nos motiva ganar?

Uno de los sesgos más poderosos en la psicología financiera es el efecto de pérdida, también conocido como aversión a la pérdida. Este fenómeno explica por qué las personas tienden a valorar más evitar pérdidas que ganar beneficios, lo que puede tener un impacto significativo en sus decisiones de inversión.

El efecto de pérdida es un sesgo cognitivo identificado por Daniel Kahneman y Amos Tversky a través de la teoría de las perspectivas, la cual señala que, en la toma de decisiones bajo incertidumbre, la aversión a perder pesa más que la posibilidad de obtener ganancias. Este sesgo lleva a que los inversionistas sean más propensos a mantener activos en pérdida para no asumir una pérdida inmediata, aunque al hacerlo puedan perjudicar su rentabilidad a largo plazo.

Objetivo del experimento

El objetivo de este experimento es investigar cómo el efecto de pérdida afecta la toma de decisiones en contextos de inversión. En particular, se estudia si los inversionistas son más propensos a evitar vender activos en pérdida en comparación con aquellos que han ganado valor, y cómo este sesgo impacta sus decisiones financieras.

Metodología

Participantes: El experimento contó con 120 participantes, con diferentes niveles de experiencia en inversiones, desde principiantes hasta inversionistas con experiencia de más de cinco años en los mercados financieros. Esto permite comparar las reacciones de novatos y expertos ante posibles pérdidas.

División de Grupos: Los participantes fueron divididos en dos grupos de 60 personas:

Grupo de Aversión a la Pérdida: Este grupo recibió situaciones en las que sus activos estaban en pérdida. Grupo de Ganancias: Este grupo experimentó escenarios de activos en ganancia.

Procedimiento: A cada participante se le asignará $10,000 ficticios para invertir en un portafolio de acciones y fondos de inversión. Después de un período simulado, los participantes recibieron información sobre el desempeño de sus inversiones en dos escenarios:

Grupo de Aversión a la Pérdida: Se les informó que el valor de sus activos había disminuido un 20%, dejándolos con $8,000.

Grupo de Ganancias: Se les comunicó que el valor de sus activos había aumentado un 20%, elevando su portafolio a $12,000.

En ambos casos, los participantes tenían dos opciones: vender inmediatamente para consolidar sus pérdidas o ganancias, o mantener la inversión con la esperanza de que su valor subiera o continuara creciendo. Las decisiones se reconocieron en tres rondas consecutivas, en las cuales los resultados variaban aleatoriamente para reflejar las condiciones volátiles del mercado.

Variables Controladas:

Se mantendrá constante el tipo de activos ofrecidos y el tiempo de inversión para evitar variabilidad en el riesgo percibido.

Se utilizó una plataforma simulada para que todos los participantes interactúen en el mismo entorno visual, eliminando posibles influencias de diseño o entorno.

Los resultados del experimento fueron claros en cuanto a la influencia del efecto de pérdida en las decisiones de inversión:

Grupo de Aversión a la Pérdida: El 65% de los participantes en este grupo eligió mantener sus activos a pesar de estar en pérdida, con la esperanza de que su valor se recuperara. Al final de las tres rondas, solo el 25% de ellos decidió vender sus activos y aceptar la pérdida, mientras que el resto continuaba esperando una recuperación.

Grupo de Ganancias: En contraste, el 80% de los participantes del grupo de ganancias optó por vender sus activos y consolidar la ganancia en la primera o segunda ronda, demostrando que estaban menos dispuestos a mantener sus activos en comparación con aquellos que enfrentaban pérdidas.

Estos resultados confirmaron que la aversión a la pérdida lleva a los inversionistas a aferrarse a inversiones en pérdida, resistiéndose a aceptar una pérdida potencial. Sin embargo, cuando los activos muestran ganancias, los inversionistas están más dispuestos a vender y asegurar esos beneficios.

El experimento muestra claramente que la aversión a la pérdida tiene un impacto significativo en la toma de decisiones financieras, especialmente en contextos de inversión. Esta tendencia a mantener activos en pérdida se debe al deseo de evitar una pérdida "definitiva", lo que puede llevar a los inversionistas a posponer la venta en detrimento de sus ganancias futuras. Por otro lado, el mismo sesgo hace que los inversionistas prefieran consolidar ganancias antes de arriesgarse a una posible disminución del valor del activo.

Los resultados del experimento pueden entenderse desde la perspectiva de la teoría de las perspectivas, que sugiere que el dolor psicológico de perder es mayor que la satisfacción de ganar una cantidad equivalente. Esta asimetría emocional impulsa comportamientos de aversión a la pérdida y puede llevar a decisiones subóptimas en inversión.

Comprender el efecto de pérdida puede ayudar a los inversionistas a tomar decisiones más racionales y menos influenciadas por el miedo a la pérdida. Algunas recomendaciones para manejar este sesgo incluyen:

<u>Establecer umbrales de pérdida</u>: Fijar límites en los que se decide vender un activo si su valor cae por

debajo de cierto punto puede ayudar a prevenir decisiones impulsadas únicamente por la esperanza de recuperación.

<u>Evaluación objetiva del portafolio</u>: Revisar regularmente los objetivos y riesgos de las inversiones sin tener en cuenta el rendimiento histórico puede llevar a decisiones más acertadas y menos sesgadas.

<u>Diversificación de inversiones</u>: Al diversificar, los inversionistas pueden reducir el riesgo asociado a cada activo específico, lo que podría mitigar el impacto psicológico de las pérdidas en un activo individual.

El efecto de pérdida es una de las muchas trampas psicológicas en las que los inversionistas pueden caer, afectando significativamente su toma de decisiones. Al preferir evitar pérdidas sobre obtener ganancias, los inversionistas corren el riesgo de mantener activos poco rentables y perder oportunidades más lucrativas. La educación financiera y la comprensión de estos conceptos son herramientas cruciales para que los inversionistas puedan manejar de manera consciente sus emociones y, en última instancia, mejorar sus estrategias de inversión.

3. Paradoja de la elección en compras: ¿Por qué más opciones pueden conducir a menos satisfacción?

En el mundo moderno de las compras, los consumidores se enfrentan a una abundancia de opciones. Ya sea elegir entre docenas de tipos de yogur, cientos de modelos de teléfono, o miles de opciones de vestuario en línea, el exceso de alternativas puede llevar a una experiencia de compra abrumadora. Esta situación es conocida como la Paradoja de la Elección, un fenómeno en el que, lejos de aumentar la satisfacción, una mayor cantidad de opciones puede generar insatisfacción y hasta parálisis de decisión.

La Paradoja de la Elección fue formulada por el psicólogo Barry Schwartz en su libro The Paradox of Choice: Why More is Less. Schwartz sostiene que, aunque se supone que tener más opciones es ventajoso, una abundancia de opciones puede provocar ansiedad y reducir la satisfacción. Esto ocurre porque, al tener más alternativas, los consumidores tienden a preocuparse más por la posibilidad de tomar una mala decisión o perder una mejor oportunidad, lo que acaba generando dudas y disminuyendo la satisfacción final.

Objetivo del experimento

El objetivo del experimento es observar cómo el número de opciones afecta la toma de decisiones en compras y la satisfacción de los consumidores. En particular, se investiga si una gran variedad de opciones resulta en mayor satisfacción de compra o, por el contrario, en frustración y parálisis de decisión.

Metodología

<u>Participantes</u>: Para el experimento, se seleccionaron 200 participantes de entre 18 y 50 años, con el fin de obtener una representación variada de consumidores. Se incluyen tanto personas con experiencia en decisiones de compra rápida como aquellas que suelen dedicar tiempo y análisis a sus decisiones de compra.

<u>División de Grupos</u>: Los participantes fueron divididos en dos grupos de 100 personas cada uno:

<u>Grupo de Múltiples Opciones</u>: Este grupo se enfrentó a una amplia gama de productos, con 24 opciones de compra en cada categoría.

<u>Grupo de Opciones Limitadas</u>: Este grupo tuvo que decidir entre 6 opciones por categoría, lo que simulaba una variedad limitada de productos.

<u>Procedimiento</u>: Los participantes fueron ubicados en una sala en la que podían realizar compras simuladas de tres tipos de productos comunes: chocolates, pastas de dientes y relojes. Se les dio un presupuesto limitado y tiempo suficiente para elegir un producto en cada categoría. Después de tomar sus decisiones, los participantes completarán una encuesta sobre su nivel de satisfacción, facilidad de decisión y nivel de arrepentimiento por su elección.

Variables Controladas

Todos los productos en ambas condiciones (pocas opciones vs. muchas opciones) se presentan con la misma información detallada para garantizar que la calidad percibida no afectará las decisiones.
El tiempo de toma de decisión fue igual para ambos grupos.

Resultados del experimento

Los resultados del experimento arrojaron datos significativos que respaldan la Paradoja de la Elección:

Grupo de Múltiples Opciones:
La mayoría de los participantes en este grupo (65%) informaron que se sintieron abrumados y experimentaron dificultades para elegir un producto en al menos una de las tres categorías.

Solo un 40% de estos participantes se mostraron altamente satisfechos con su compra, y un 55% experimentó algún nivel de arrepentimiento por su decisión, considerando que podría haber hecho una elección diferente.

Los tiempos de toma de decisión en este grupo fueron, en promedio, un 30% más largos que en el grupo de opciones limitadas.

<u>Grupo de Opciones Limitadas</u>:

Solo el 25% de los participantes reportaron dificultades al decidir, y la mayoría completó su compra con rapidez.

Un 70% de los participantes se mostraron satisfechos o muy satisfechos con sus elecciones, y solo un 20% expresó algún tipo de arrepentimiento.

Además, los tiempos de toma de decisión fueron considerablemente menores, ya que los participantes no se sintieron abrumados por la cantidad de alternativas.

Estos resultados muestran cómo una mayor cantidad de opciones tiende a generar efectos negativos en la experiencia de compra. Aunque una mayor variedad debería ofrecer más posibilidades de satisfacer al consumidor, en la práctica resulta en una decisión más complicada y menos satisfactoria.

El experimento confirma que la Paradoja de la Elección es un fenómeno real en el contexto de las decisiones de compra. La abundancia de opciones tiende a generar ansiedad, y la percepción de que se puede estar eligiendo incorrectamente lleva a un incremento en los niveles de arrepentimiento. En general, los participantes con opciones limitadas disfrutaron de una experiencia de compra más positiva, confirmando que tener demasiadas alternativas puede, paradójicamente, reducir la satisfacción.

Para los comerciantes y profesionales de marketing, la paradoja de la elección es un fenómeno que se puede gestionar para mejorar la experiencia de compra:

<u>Simplificación de opciones</u>: Reducir la cantidad de productos disponibles en cada categoría o crear recomendaciones personalizadas puede hacer que el proceso de compra sea más amigable y satisfactorio.

<u>Curación de opciones</u>: Organizar los productos en categorías relevantes y evitar sobrecargar al consumidor con una variedad excesiva de opciones en una misma categoría puede mejorar la experiencia de compra.

<u>Presentación Estructurada de Opciones</u>: Ofrecer una selección inicial limitada y permitir que el consumidor explore más alternativas si así lo desea podría reducir la ansiedad generada por el exceso de opciones.

4. Efecto Halo en la Percepción de Marcas: Cómo una primera impresión puede moldear la opinión del consumidor

El Efecto Halo es un fenómeno psicológico que se refiere a cómo una impresión inicial —a menudo basada en una característica sobresaliente— puede influir en la percepción general de una marca, producto o persona. En el contexto de las marcas, esto significa que, si un consumidor percibe positivamente una característica de un producto, tiende a generalizar esta impresión positiva a otros aspectos de la marca, incluso si no ha tenido experiencia directa con ellos.

El término "efecto halo" proviene de la idea de un "halo" de luz que rodea a una persona o cosa, haciendo que todas sus partes se vean de una manera idealizada o uniforme. En el ámbito de la percepción de marcas, se refiere a cómo los consumidores pueden formar opiniones positivas (o negativas) basadas en un atributo o en la experiencia con un producto en particular. Por ejemplo, si una marca de tecnología es reconocida por sus dispositivos de alta calidad, los consumidores pueden asumir que todos los productos de esa marca son innovadores y confiables, incluso si no los han probado.

Objetivo del experimento

El objetivo del estudio es analizar cómo el efecto halo influye en la percepción general de una marca y cómo la experiencia con un solo producto de la marca puede impactar las opiniones sobre otros productos o servicios de esta. Se busca entender si una experiencia positiva inicial con un producto puede mejorar la percepción del consumidor sobre otros aspectos de la marca, como su ética, calidad o servicio al cliente.

Metodología

Participantes: El estudio se llevó a cabo con 150 participantes que eran consumidores habituales de marcas de tecnología. Los participantes fueron seleccionados de diferentes edades y niveles de experiencia en tecnología para obtener una muestra variada.

División de Grupos: Los participantes se dividieron en tres grupos de 50 personas cada uno:

Grupo A: Expuso a los participantes un producto muy bien valorado de la marca, con características positivas y una demostración de alta calidad.

Grupo B: Presentó a los participantes un producto de calidad regular de la misma marca, con características medias.

Grupo C: No fue expuesto a ningún producto específico de la marca, pero se les dio información general sobre la empresa y sus valores.

Procedimiento:

Grupo A (Producto de Alta Calidad): Los participantes de este grupo vivieron una experiencia de primera mano con un producto de alta gama de la marca (ej. un teléfono inteligente de última generación), donde pudieron usar el dispositivo durante un tiempo. También recibió una breve presentación que enfatizaba el diseño y la innovación del producto.

Grupo B (Producto de Calidad Regular): A estos participantes se les dio un producto de nivel intermedio (ej. un dispositivo de menor rendimiento) y tuvieron una experiencia de uso similar, pero con menos énfasis en las características de diseño o innovación.

Grupo C (Sin Experiencia Directa): Este grupo solo recibió información escrita sobre la marca y sus valores, sin experiencia directa con ninguno de sus productos.

Después de la interacción o la lectura de la información, todos los participantes completaron un cuestionario diseñado para evaluar su percepción sobre distintos aspectos de la marca, como:

Calidad general de la marca.
Innovación y liderazgo tecnológico.
Fiabilidad de otros productos de la misma marca.
Valores éticos y responsabilidad social de la empresa.

Variables Controladas:

Los productos presentados a los Grupos A y B fueron ajustados para tener un nivel de calidad perceptible de acuerdo con los estándares del mercado.
A todos los grupos se les entregó el mismo cuestionario, diseñado para medir la percepción de la marca sin sesgos de respuesta.

Resultados del experimento

Los resultados mostraron una influencia significativa del efecto halo en la percepción de la marca entre los tres grupos:

Grupo A (Producto de Alta Calidad):

El 78% de los participantes en este grupo evaluó la calidad general de la marca como "alta" o "muy alta", a pesar de no tener experiencia con otros productos.
Un 70% demostró que la marca era innovadora y líder en el sector tecnológico.

Además, el 65% de los participantes afirmó que percibían la marca como socialmente responsable y ética, aunque este aspecto no fue evaluado durante la experiencia.

Grupo B (Producto de Calidad Regular):

En este grupo, solo un 40% calificó la calidad de la marca como "alta" o "muy alta", y un 35% la percibió como innovadora.

Apenas un 20% manifestó una percepción positiva de la marca en términos de responsabilidad social.

Aunque la percepción era más baja en comparación con el Grupo A, aún existía un cierto efecto halo, ya que la experiencia con el producto influyó en su opinión sobre la marca en general.

Grupo C (Sin Experiencia Directa):

Sin una experiencia directa, los participantes de este grupo presentaron opiniones más neutrales. Solo un 25% calificó la marca como "alta" o "muy alta" en calidad general, y solo el 30% la percibió como innovadora o líder.

La percepción de la marca en términos de responsabilidad social fue neutra, con solo un 15% de respuestas positivas en este aspecto.

Estos resultados sugieren que la experiencia positiva con un producto influye notablemente en la percepción global de la marca, extendiendo la impresión de calidad o innovación a otros atributos no directamente evaluados.

El experimento confirma que el efecto halo tiene un impacto significativo en la percepción de una marca. La experiencia positiva con un solo producto llevó a que los participantes extendieran esa evaluación a aspectos generales de la marca, incluidos aquellos de los cuales no tenían evidencia directa, como la responsabilidad social o el servicio al cliente. Este sesgo también puede observarse en las respuestas del Grupo B, donde el uso de un producto de calidad regular afectó negativamente la percepción global de la marca, aunque en menor grado.

Este fenómeno se explica porque, en ausencia de información directa sobre toda la línea de productos o los valores de la marca, los consumidores tienden a generalizar sus impresiones basadas en su experiencia más reciente o relevante. Así, un producto excepcional puede hacer que toda la marca sea percibida como excepcional, mientras que un producto mediocre puede llevar a una percepción más negativa o neutra.

Para los profesionales de marketing y branding, el efecto halo es un fenómeno útil que puede ser aprovechado en sus estrategias:

<u>Foco en Productos Icónicos</u>: Las marcas pueden elegir un producto estrella que tenga una excelente calidad y características destacadas para representar a la marca. Este producto actúa como una especie de "embajador", mejorando la percepción de la marca en general.

<u>Experiencias de Marca Positivas</u>: Crear experiencias excepcionales de compra o uso con ciertos productos puede llevar a los consumidores a confiar en el resto de la oferta de la marca.

<u>Manejo de Expectativas en Productos Nuevos</u>: Es importante que las marcas manejen cuidadosamente el lanzamiento de productos nuevos o de menor calidad para evitar un efecto negativo en la percepción global de la marca.

Las marcas pueden utilizar este efecto a su favor al garantizar la calidad y la coherencia de sus productos, generando así una percepción sólida y positiva en sus consumidores.

5. Efecto de la Escasez en la Demanda: ¿Cómo influye la disponibilidad limitada en el comportamiento del consumidor?

El Efecto de la Escasez es un fenómeno psicológico en el que la percepción de disponibilidad limitada de un producto genera un aumento en su demanda. En términos de marketing, se observa que cuando un producto parece escaso o exclusivo, los consumidores tienden a valorarlo más ya sintiéndose impulsados a comprar, a menudo con urgencia. Este efecto se ha convertido en una estrategia de marketing popular, visible en frases como "últimas unidades" o "por tiempo limitado".

El Efecto de la Escasez se basa en la idea de que los seres humanos valoramos más aquello que parece estar en una oferta limitada o que es difícil de obtener. Esta percepción genera un sentido de urgencia que impulsa a los consumidores a actuar rápidamente para no "perder" la oportunidad de adquirir el producto. La escasez puede ser real, como en el caso de ediciones limitadas de productos de lujo, o percibida, como cuando se indica que una promoción solo estará disponible durante unos días.

Objetivo del experimento

El objetivo del estudio es evaluar cómo la percepción de escasez afecta la demanda de un producto y la urgencia de compra de los consumidores. Se busca determinar si la presentación de un producto como escaso o limitado en disponibilidad influye en la decisión de compra y en la disposición del consumidor a pagar un precio más alto.

Metodología

<u>Participantes</u>: Se seleccionaron 200 participantes con una distribución de edad de 18 a 55 años para representar a consumidores con diferentes niveles de experiencia en compras en línea y físicas.

<u>División de Grupos</u>: Los participantes se dividieron en dos grupos de 100 personas cada uno:

<u>Grupo de Escasez Percibida</u>: Este grupo tuvo acceso a productos presentados como "disponibles en cantidades limitadas" o "por tiempo limitado". Se utilizó una plataforma de compra en línea simulada en la que aparecía la cantidad de productos restantes, generando una sensación de urgencia.

<u>Grupo de Disponibilidad Abundante</u>: A este grupo se le ofrecieron los mismos productos, pero con mensajes de disponibilidad amplia y sin restricciones de tiempo o cantidad.

Procedimiento

Ambos grupos participaron en una experiencia de compra en línea simulada, donde pudieron elegir entre varios productos (ropa, artículos tecnológicos y productos de belleza) con precios similares.

El grupo de escasez recibió mensajes como "solo quedan 5 unidades" o "descuento solo por hoy", mientras que el grupo de disponibilidad abundante vio mensajes neutrales sin ninguna indicación de límite de tiempo o cantidad.

Luego de la experiencia de compra, los participantes completaron un cuestionario que evaluaba sus niveles de urgencia de compra, la satisfacción percibida y la probabilidad de repetir la compra.

<u>Variables Controladas</u>:

El precio y las características de los productos fueron idénticos para ambos grupos.

La experiencia de compra fue la misma en todos los aspectos, excepto por los mensajes de escasez en el grupo experimental.

Resultados del experimento

Los resultados mostraron que el efecto de escasez tuvo un impacto significativo en el comportamiento de compra:

<u>Grupo de Escasez Percibida</u>:

El 75% de los participantes en este grupo mostraron un alto sentido de urgencia y tomaron decisiones de compra de forma rápida.

Más del 60% de los participantes expresaron estar dispuestos a pagar un precio mayor para asegurar el producto.

La probabilidad de repetir la compra fue mayor en este grupo, ya que el 65% afirmó que la experiencia de compra fue satisfactoria y que les gustaría volver a comprar en la misma plataforma.

Un 70% de los participantes afirmó que la disponibilidad limitada les hizo valorar más el producto y lo percibieron como más exclusivo o especial.

Grupo de Disponibilidad Abundante:

Solo un 40% de los participantes en este grupo experimentó una urgencia por comprar, y la mayoría tardó más en tomar una decisión.

Solo un 30% indicó estar dispuesto a pagar más por el mismo producto, ya que no percibieron la necesidad de apresurarse.

La probabilidad de repetir la compra fue del 50%, y la satisfacción fue más moderada, ya que los productos no parecían "exclusivos" ni urgentes para ellos.

Estos resultados muestran claramente que los consumidores se ven influenciados por la percepción de escasez, experimentando un mayor sentido de urgencia y valorando más los productos cuando creen que son limitados.

Este efecto puede explicarse por varias teorías psicológicas:

<u>Teoría de la Reactancia</u>: Cuando los consumidores perciben que una opción podría no estar disponible en el futuro, tienden a quererla más intensamente, actuando rápido para "recuperar" esa oportunidad. Este impulso psicológico refuerza la necesidad de actuar antes de que sea demasiado tarde.

<u>Valor Percibido y Exclusividad</u>: Los consumidores tienden a asociar la escasez con la calidad o exclusividad. Al creer que pocas personas pueden acceder al producto, el consumidor experimenta una sensación de estatus o privilegio, lo que aumenta el atractivo de la compra.

Para los profesionales del marketing, el efecto de la escasez puede ser una herramienta poderosa que aumenta la demanda y maximiza las ventas. Sin embargo, debe aplicarse con cautela para evitar que los consumidores perciban una estrategia manipulativa o que el efecto pierda eficacia. A continuación, algunas recomendaciones:

<u>Ofertas y Ediciones Limitadas</u>: Al implementar campañas de productos de edición limitada o promociones "por tiempo limitado", las empresas pueden aumentar la percepción de valor y la urgencia de compra. Sin embargo, es importante mantener estas ediciones realmente limitadas para no diluir el efecto de escasez.

<u>Aumento de Urgencia en Canales en Línea</u>: Las plataformas de comercio en línea pueden utilizar

mensajes que muestren las cantidades restantes de un producto o el tiempo limitado de una oferta, lo que impulsa las compras rápidas.

<u>Transparencia</u>: Es fundamental que la estrategia de escasez sea auténtica y que el consumidor no perciba un truco de marketing vacío. La escasez debería estar justificada, ya sea por disponibilidad real o por un modelo de producción exclusivo.

6. Compromiso y Consistencia en Ventas: Cómo el compromiso inicial impulsa la fidelidad del consumidor

El principio de Compromiso y Consistencia es uno de los conceptos fundamentales en la psicología de ventas y persuasión. Este principio, ampliamente estudiado en la psicología social, establece que cuando las personas se comprometen a algo, especialmente en público o con una acción inicial, tienden a actuar de manera consistente con ese compromiso para evitar la disonancia cognitiva y reforzar su propia identidad. En el ámbito de las ventas, este principio puede traducirse en una mayor fidelización de los clientes y en un aumento de las probabilidades de compra cuando el consumidor realiza una acción inicial hacia la marca o producto.

El principio de compromiso y consistencia es un fenómeno psicológico que sugiere que una vez que una persona ha tomado una decisión o ha asumido una postura, se siente motivada a actuar de manera consistente con esa postura. En ventas, este fenómeno se explota, por ejemplo, cuando una empresa logra que el cliente realice un compromiso inicial —como registrarse en una lista de correo, asistir a un evento, aceptar una muestra gratis, o responder una encuesta—, lo que incrementa las probabilidades de que el cliente siga avanzando en su relación con la marca y, eventualmente, realizar una compra.

Objetivo del estudio

El objetivo del estudio es evaluar cómo el compromiso inicial, incluso en acciones simples como responder una encuesta o aceptar una muestra gratuita, influye en la probabilidad de que los consumidores realicen una compra y se conviertan en clientes recurrentes. El estudio también busca determinar si la consistencia en las decisiones y compromisos iniciales genera una mayor lealtad a la marca a lo largo del tiempo.

Metodología

Participantes: Se seleccionaron 180 personas con edades entre 18 y 55 años, todas con experiencia en compras en línea y divididas en tres grupos de 60 personas cada uno.

División de Grupos: Los participantes se dividieron en tres grupos experimentales:

Grupo A (Compromiso Alto): Este grupo fue invitado a completar una encuesta sobre sus intereses y necesidades, en la que también se les pidió que se registraran en la lista de correos para recibir novedades y promociones de una tienda de productos de cuidado personal.

<u>Grupo B (Compromiso Medio)</u>: Este grupo recibió una muestra gratuita de un producto de la tienda, sin necesidad de registrarse ni realizar ninguna otra acción adicional.

<u>Grupo C (Sin Compromiso)</u>: A este grupo solo se le mostró un anuncio de la tienda y los productos disponibles, sin incentivos adicionales ni compromisos iniciales.

Procedimiento

<u>Grupo A (Encuesta y Registro)</u>: Los participantes completarán una encuesta corta sobre sus preferencias en productos de cuidado personal y se les invitará a registrarse para recibir promociones. Luego, se les envió un cupón de descuento exclusivo por correo electrónico.

<u>Grupo B (Muestra Gratuita)</u>: Los participantes recibieron una muestra gratuita de uno de los productos de la tienda, sin otras acciones o registros.

<u>Grupo C (Solo Publicidad)</u>: Los participantes vieron un anuncio estándar sobre la tienda sin muestras, registros ni encuestas adicionales.

Durante las siguientes tres semanas, se monitoreó a todos los participantes para evaluar si visitaban la tienda en línea y realizaban una compra. También se registró la cantidad de interacciones posteriores con la tienda, como la apertura de correos electrónicos y la participación en redes sociales.

<u>Medición de Resultados</u>: Los resultados se midieron en base a:

<u>Tasa de conversión</u>: porcentaje de personas que realizaron una compra en la tienda.

<u>Interacciones posteriores con la marca</u>: número de veces que los participantes abrieron correos electrónicos de la tienda o interactuaron con publicaciones en redes sociales.

<u>Lealtad percibida</u>: disposición de los participantes a recomendar la marca o volver a comprar.

Resultados del experimento

Los resultados mostraron diferencias significativas en la tasa de conversión y en el nivel de interacción con la marca entre los tres grupos.

<u>Grupo A (Compromiso Alto)</u>:
El 65% de los participantes de este grupo realizó al menos una compra en la tienda durante las tres semanas posteriores a su compromiso inicial.

El 70% abrió correos electrónicos de promociones y noticias de la tienda al menos una vez, mostrando un interés recurrente en la marca.

Un 60% indicó estar dispuesto a recomendar la tienda a otras personas y un 55% mencionó su interés en realizar otra compra en el futuro.

<u>Grupo B (Compromiso Medio)</u>:
El 45% de los participantes de este grupo realizó una compra después de recibir la muestra gratuita.

Un 30% abrió correos electrónicos posteriores y siguió las redes sociales de la tienda.

El 40% se mostró dispuesto a recomendar la tienda, aunque con menor intensidad que el Grupo A.

<u>Grupo C (Sin Compromiso)</u>:
Solo el 20% de los participantes de este grupo realizó una compra en la tienda en las semanas siguientes.

Las interacciones con correos electrónicos o redes sociales fueron mínimas, con solo un 10% de participación.

La disposición a recomendar la tienda fue baja, con solo un 15% de respuestas afirmativas.

Estos resultados confirman la eficacia del principio de compromiso y consistencia en la estrategia de ventas. Los participantes del Grupo A, al realizar un compromiso inicial, mostraron una mayor tendencia a ser consistentes en su relación con la marca y en sus decisiones de compra, reflejando una lealtad mayor.

El experimento demuestra que el compromiso inicial genera un sentido de consistencia en el comportamiento de los consumidores. Aquellos que completaron la encuesta y se registraron (Grupo A) desarrollaron una mayor afinidad con la marca, incluso si solo se les pidió una acción mínima. Esto ocurre porque las personas tienden a buscar consistencia en sus decisiones y a evitar la disonancia cognitiva: una vez que han mostrado interés inicial en una marca, sienten la necesidad de justificar su compromiso actuando de acuerdo con esa decisión inicial.

Los resultados también sugieren que una muestra gratuita (Grupo B) es efectiva para atraer compradores, pero no genera el mismo nivel de compromiso que un registro o participación en la encuesta. En cambio, el Grupo C, que solo vio un anuncio, mostró una menor respuesta tanto en la compra como en la disposición a interactuar con la marca a largo plazo.

Para los profesionales de ventas y marketing, aplicar el principio de compromiso y consistencia puede mejorar la tasa de conversión y fidelización del cliente de varias formas:

<u>Compromisos Iniciales Pequeños</u>: Ofrecer a los consumidores pequeñas acciones como completar una encuesta o registrarse para recibir un cupón puede aumentar su compromiso con la marca, facilitando futuras decisiones de compra.

<u>Uso de Muestras Gratuitas y Seguimiento</u>: Aunque menos efectivo que los compromisos activos, las muestras gratuitas también crean una conexión inicial con el cliente, especialmente cuando se complementan con un seguimiento adecuado, como correos electrónicos personalizados y promociones.

Experiencia de Consistencia: A lo largo del recorrido del cliente, las marcas deben procurar que los compromisos iniciales reflejen coherencia y valor en sus productos y servicios, lo cual refuerza la fidelidad del consumidor.

Incentivos de Recompra y Recomendación: Ofrecer recompensas o descuentos adicionales a aquellos que completen los pasos iniciales, como la suscripción, puede fortalecer el sentido de compromiso y consistencia, maximizando la retención de clientes.

7. Efecto de Confirmación en Decisiones de Inversión: Cómo nuestros prejuicios pueden condicionar las finanzas personales

El Efecto de Confirmación es un tipo de sesgo cognitivo que ocurre cuando las personas seleccionan y priorizan información que confirma sus ideas preconcebidas o creencias, mientras ignoran o desestiman información que las desafía. En el contexto de las inversiones, el efecto de confirmación puede llevar a los inversores a sobrevalorar activos, ignorar señales de alerta en los mercados y hacer caso omiso de la información relevante que contradice sus expectativas.

Objetivo del estudio

El objetivo del estudio es evaluar cómo el Efecto de Confirmación influye en las decisiones de inversión de los participantes. En particular, el estudio busca identificar si los inversores con una perspectiva inicial positiva sobre una inversión obtienen activamente información que confirme esta postura y minimicen información contraria. Además, se pretende observar si el mensaje de confirmación lleva a los inversores a mantener inversiones incluso cuando los datos sugieren que deberían venderse.

Metodología

Participantes: Se seleccionaron 150 participantes, con edades entre 25 y 60 años, todos con algún nivel de experiencia en inversiones. Para garantizar una variedad de perspectivas, los participantes incluían tanto inversores individuales con experiencia en mercados financieros como novatos en inversión.

División de Grupos: Los participantes se dividieron en dos grupos experimentales:

Grupo A (Perspectiva Positiva Inicial): Este grupo recibió información inicial positiva sobre una acción hipotética, llamada "Acción Alfa". Se les presentó un análisis favorable del potencial de crecimiento de la acción y una proyección de mercado optimista.

Grupo B (Perspectiva Negativa Inicial): Este grupo recibió una evaluación inicial negativa de la misma acción "Acción Alfa", en la que se destacaban riesgos potenciales y un análisis desfavorable del mercado.

Procedimiento

A ambos grupos se les dio acceso a un portal de noticias financieras en el que podían investigar más sobre la "Acción Alfa". Este portal incluía un balance de artículos con opiniones positivas y negativas sobre la acción, con titulares neutros para evitar sesgos evidentes.

A lo largo de dos semanas, se registraron los tipos de artículos que cada grupo consultaba, sus comentarios y observaciones sobre la acción, y sus decisiones sobre si invertirían o venderían la acción en función de la información que revisaron.

Finalmente, se realizó una encuesta para evaluar la satisfacción de los participantes con sus decisiones, así como su percepción de riesgo y confianza en la inversión.

Variables Medidas:

<u>Tipo de Información Consultada</u>: Se midió la proporción de artículos positivos y negativos que cada grupo consultó en relación con su perspectiva inicial.

<u>Decisiones de Inversión</u>: Se analizó si los participantes decidieron comprar, vender o mantener la acción en función de su investigación.

<u>Nivel de Satisfacción y Confianza</u>: Se evaluó cuán seguros se sentían los participantes de su decisión, incluso cuando revisaban información contradictoria.

Resultados del experimento

Los resultados mostraron una clara tendencia al Efecto de Confirmación entre los participantes, independientemente de la perspectiva inicial que se les proporcionó:

<u>Grupo A (Perspectiva Positiva Inicial)</u>:

Los participantes de este grupo buscaron y leyeron, en su mayoría, artículos que reforzaban la visión positiva de la acción. Aproximadamente el 70% de las fuentes de información que consultaron presentaban una perspectiva favorable sobre "Acción Alfa".

El 65% de los participantes decidió invertir en la acción, y el 20% decidió mantener su posición incluso después de leer opiniones contradictorias.

En cuanto a la percepción de riesgo, los participantes que buscaron información confirmatoria manifestaron una menor percepción de riesgo y mayor confianza en su decisión.

<u>Grupo B (Perspectiva Negativa Inicial)</u>:

Este grupo mostró un comportamiento similar, buscando información que confirme su postura inicial negativa. Alrededor del 75% de los artículos consultados por estos participantes presentaban argumentos en contra de la inversión en "Acción Alfa". El 60% de los participantes en este grupo optó por no invertir o vender la acción si ya la habían comprado, y la mayoría ignoró o minimizó los datos positivos que podían haber cambiado su perspectiva.

Los participantes del Grupo B que seleccionaron información negativa tuvieron una percepción de riesgo elevada y menor confianza en la acción.

Ambos grupos mostraron una tendencia a evitar información que contradecía su postura inicial, incluso cuando esa información era accesible y potencialmente relevante para tomar una decisión más informada.

El estudio confirma que el Efecto de Confirmación influye significativamente en las decisiones de inversión. Los participantes de ambos grupos se inclinaron hacia información que reforzaba sus creencias iniciales y minimizaron la importancia de la información que las desafiaba. Esta tendencia a seleccionar información confirmatoria y descartar evidencia opuesta puede llevar a decisiones de inversión sesgadas, menos objetivas y, en muchos casos, contraproducentes.

El Efecto de Confirmación tiene importantes implicaciones para el éxito de las inversiones, ya que puede hacer que los inversores:

Ignoren Información Crítica: Al evitar información que contradiga sus creencias, los inversores pueden pasar por alto datos que podrían señalar riesgos o beneficios importantes, comprometiendo el rendimiento de sus inversiones.

<u>Mantengan Inversiones Poco Rentables</u>: El mensaje de confirmación también puede hacer que los inversores se apeguen a activos con bajo rendimiento o ignoren señales de venta, aumentando la posibilidad de pérdidas.

<u>Sobrevaloren la Seguridad de sus Decisiones</u>: Al reforzar sus creencias iniciales, los inversores pueden tener una falsa sensación de seguridad y confianza, que podría conducir a decisiones arriesgadas o irracionales.

Para minimizar el Efecto de Confirmación en las decisiones de inversión, se recomienda lo siguiente:

<u>Fomentar una Mentalidad de "Abogado del Diablo"</u>: Es aconsejable que los inversores busquen comprobadamente argumentos contrarios a sus creencias para obtener una perspectiva equilibrada. Considerar los riesgos y las posibles fallas en una inversión puede ayudar a tomar decisiones más fundamentadas.

<u>Diversificación de Fuentes de Información</u>: Utilizar diferentes fuentes de información y revisar opiniones opuestas puede ayudar a los inversores a mantener una visión completa y menos sesgada de la situación.

<u>Evaluar Periódicamente las Decisiones de Inversión</u>: Realizar revisiones periódicas de las decisiones de inversión y evaluar los resultados permite corregir

sesgos y ajustar estrategias con base en datos y no en creencias preconcebidas.

<u>Utilizar Asesoría Profesional Objetiva</u>: Trabajar con asesores financieros puede aportar una perspectiva externa y menos sesgada, ayudando a los inversores a tomar decisiones que se alineen con sus objetivos financieros.

8. Psicología del Precio Redondeado vs. No Redondeado: Cómo afectan la percepción y decisión de compra

La manera en que los precios son presentados a los consumidores juega un papel crucial en sus decisiones de compra. La psicología del precio explora el impacto de los precios redondeados (como $100) frente a los precios no redondeados (como $99.99) en la percepción y comportamiento de compra de los consumidores. Investigaciones sugieren que cada tipo de precio puede influir en el modo en que los consumidores valoran un producto, asociando a veces precios redondeados con calidad o satisfacción emocional, y precios no redondeados con valor o racionalidad.

Objetivo del estudio

El objetivo del estudio es comprender cómo los precios redondeados y no redondeados afectan la percepción de valor, la disposición de compra y la confianza del consumidor en el producto. También se busca determinar si ciertos tipos de productos o decisiones de compra se ven más influenciados por precios redondeados o no redondeados y si este efecto es consistente entre distintos contextos de compra (como en línea vs. en tienda).

Metodología

1. Participantes
Se reclutaron 300 participantes, de entre 20 y 60 años, con experiencia en compras de diversas categorías, tanto en tiendas físicas como en plataformas en línea.

2. Diseño experimental
Los participantes fueron divididos en dos grupos, que expusieron a productos similares, pero con precios redondeados o no redondeados. Estos productos cubrían distintas categorías, como:

<u>Compras emocionales</u>: como perfumes o entradas a eventos (impulsadas más por la emoción y satisfacción inmediata).

<u>Compras racionales</u>:
como electrodomésticos o productos de uso diario (donde los consumidores suelen analizar el valor o comparar alternativas).

A cada grupo se le mostró un catálogo en línea que incluía estos productos. La única diferencia entre los catálogos fue la presentación de precios (redondeados o no redondeados).

3. Procedimiento y medidas

Los participantes evaluaron cada producto según:

Percepción de Valor: ¿Qué tan valioso creen que es el producto?

Probabilidad de compra: ¿Cuán probable es que compren el producto?

Confianza en la Compra: ¿Cuán seguros se sienten de tomar una buena decisión?

Para captar estas métricas, se utilizaron escalas de Likert, donde los participantes calificaron sus respuestas del 1 al 7.

Resultados del estudio

Los resultados sugieren diferencias significativas en la percepción y disposición de compra dependiendo del tipo de precio:

Precios Redondeados (ej. $100)

Percepción de Valor Emocional: Los precios redondeados resultaron más atractivos en productos de compra emocional. Los consumidores percibían estos productos como más satisfactorios y de mayor calidad cuando el precio era redondeado, lo que sugiere una relación positiva entre precios redondeados y decisiones de compra menos racionales y más emocionales.

Confianza en la Compra: Los participantes mostraron mayor confianza al elegir productos con precios redondeados, especialmente en categorías de lujo o productos de indulgencia, como perfumes, chocolates gourmet o entradas a eventos exclusivos.

<u>Intención de Compra</u>: La probabilidad de compra fue mayor en productos emocionales con precios redondeados, lo cual indica que los consumidores relacionan estos precios con una experiencia positiva o un "valor agregado".

Precios No Redondeados (ej. $99.99)

<u>Percepción de Ahorro y Racionalidad</u>: Los precios no redondeados fueron percibidos como indicadores de mejor valor o descuento en productos de compra racional. En productos como electrodomésticos o artículos de uso cotidiano, los consumidores asumieron que estos precios reflejaban una mejor oferta.

<u>Sensación de control en la decisión</u>: Los precios no redondeados impulsaron una sensación de "oferta atractiva" y llevaron a los consumidores a creer que estaban haciendo una compra bien pensada. Esto puede explicarse porque los precios no redondeados suelen asociarse con una estrategia de descuento que maximiza el ahorro.

<u>Comparación de Valor</u>: Los consumidores se mostraron más propensos a comparar precios y realizar una búsqueda más extensa antes de decidirse, especialmente para productos de compra racional con precios no redondeados.

Categorías de Productos y Contexto de Compra

En compras en línea, el efecto de los precios no redondeados era más evidente, ya que los consumidores tendían a interpretar estos precios como una oferta competitiva frente a otros sitios.

En tiendas físicas, los consumidores reaccionaron de forma más positiva a los precios redondeados en productos de compra impulsiva o emocional, ya que estos precios evocaron una experiencia de compra simplificada y directa.

Recomendaciones para empresas

<u>Utilizar precios redondeados en productos de lujo o indulgencia</u>: Esto puede crear una experiencia de compra más placentera y una percepción de mayor valor.

<u>Aplicar precios no redondeados en productos competitivos o de consumo racional</u>: Esto ayuda a que el consumidor perciba la compra como una decisión racional y atractiva en términos de ahorro.

<u>Adaptar la estrategia de precios al canal de venta</u>: En el comercio electrónico, los precios no redondeados pueden tener un efecto mayor debido a la facilidad de comparación de precios. En tiendas físicas, los precios redondeados pueden hacer que la experiencia de compra sea más fluida.

Este estudio resalta cómo pequeños cambios en la presentación de precios pueden tener un impacto considerable en la experiencia de compra y el comportamiento del consumidor, lo cual es esencial para estrategias de marketing y ventas más efectivas.

9. Sesgo de Representatividad en Mercado de Valores: Cómo los estereotipos y patrones influyen en las decisiones de inversión

El sesgo de representatividad es un sesgo cognitivo que lleva a las personas a evaluar situaciones basadas en patrones, estereotipos o información que "parece representativa" de una realidad más amplia. En el mercado de valores, este sesgo puede influir en los inversores al hacerlos creer que ciertos patrones de comportamiento de una acción o sector seguirán repitiéndose, llevándolos a tomar decisiones basadas en ejemplos o patrones recientes en lugar de análisis fundamentados.

El objetivo del estudio fue explorar cómo el sesgo de representatividad afecta las decisiones de los inversores en el mercado de valores. En particular, el estudio buscó identificar si los inversores tienden a sobrevalorar patrones recientes de crecimiento o caída de acciones, proyectándolos hacia el futuro de manera automática sin un análisis profundo, y si este sesgo contribuye a una evaluación inexacta del valor de las acciones.

Metodología

1. Participantes

Se seleccionaron 250 participantes con diferentes niveles de experiencia en el mercado de valores, desde inversores principiantes hasta aquellos con años de experiencia. El rango de edad de los participantes iba de los 25 a los 65 años.

2. División de Grupos y Escenarios de Inversión

Los participantes fueron divididos en dos grupos principales y se les presentaron escenarios de inversión diseñados para desencadenar el sesgo de representatividad. Estos escenarios incluyen:

Escenario de Acción en Crecimiento: Los participantes vieron el desempeño reciente de una acción hipotética, llamada "Acción Beta", que había mostrado un crecimiento continuo en los últimos tres meses, aunque sin fundamentos sólidos detrás.

Escenario de Acción en Caída: A otros participantes se les mostró una acción similar, llamada "Acción Delta", que había estado en descenso durante el mismo período, con señales de que la caída podría no tener relación con los fundamentos del mercado.

Procedimiento

A cada grupo se le pidió que analizara estos datos y tomara una decisión de inversión en función de su evaluación de las perspectivas futuras de las acciones presentadas. También se les pidió que indicaran el nivel de confianza que tenían en su predicción sobre el futuro de las acciones.

Las medidas tomadas incluyen:

<u>Evaluación de la Probabilidad de Crecimiento o Caída</u>: La probabilidad asignada por cada participante de que la acción continuaría en la misma tendencia.

<u>Decisión de Inversión</u>: Si el participante decidió invertir en la acción, venderla o no realizar ninguna acción.

<u>Confianza en la Decisión</u>: Un puntaje de 1 a 7 sobre cuán seguro se sentían los participantes de que su predicción se cumpliría.

Análisis

El análisis se centra en observar si los participantes asignan más peso a los patrones recientes de crecimiento o caída en lugar de considerar la información de los fundamentos de las acciones, y si este sesgo era más pronunciado en inversores principiantes o experimentados.

Resultados del estudio

Los resultados del estudio evidenciaron una fuerte influencia del sesgo de representatividad en las decisiones de los participantes:

Predicciones Basadas en Patrones Recientes:

Acción en Crecimiento (Acción Beta): El 70% de los participantes asignó una alta probabilidad de que la acción seguiría subiendo, basándose en la tendencia reciente de tres meses. Este comportamiento fue evidente en ambos grupos, aunque más marcado en inversores principiantes.

Acción en Caída (Acción Delta): El 65% de los participantes proyectó que la acción seguiría cayendo, sin tener en cuenta los fundamentos. Los inversores experimentados también presentaron esta tendencia, aunque en menor medida que los principiantes.

Decisión de Inversión:

En el escenario de la acción en crecimiento, aproximadamente el 60% de los participantes decidieron comprar la acción, confiando en que el crecimiento reciente era indicativo de un futuro positivo.

En el escenario de la acción en caída, el 55% de los participantes optó por no invertir, o incluso vender si ya la tenían en su portafolio, anticipando una tendencia a la baja continua.

Confianza en las Predicciones:

Los participantes que basaron sus decisiones en el sesgo de representatividad manifestaron altos niveles de confianza en sus predicciones, especialmente en el escenario de crecimiento. Curiosamente, los inversores menos experimentados mostraron mayor seguridad en sus predicciones, probablemente por su desconocimiento de otras metodologías de evaluación que podrían haber reducido el efecto del sesgo.

El estudio demuestra que el sesgo de representatividad afecta a los inversores de manera significativa. En lugar de analizar los fundamentos de las acciones, los participantes tienden a proyectar patrones recientes como si fueran indicativos de un comportamiento continuo. Esto puede llevar a una sobrevaloración de acciones en crecimiento y una subvaloración de acciones en caída, lo que podría traducirse en una toma de decisiones financieras menos eficiente.

Implicaciones para Estrategias de Inversión

Evitar Generalizaciones Basadas en Patrones Recientes: Los inversores deben ser conscientes de que las tendencias recientes de una acción no necesariamente representan su comportamiento futuro, especialmente cuando no hay fundamentos que justifiquen tales movimientos.

Desarrollar una Perspectiva a Largo Plazo: Las decisiones de inversión deben estar fundamentadas en un análisis más amplio, que incluya los datos financieros de la empresa y factores externos, en lugar de depender exclusivamente de patrones recientes.

Educación para Inversores Principiantes: Los inversores sin mucha experiencia deben recibir capacitación sobre los fundamentos del análisis financiero para evitar caer en el sesgo de representatividad. Esto podría incluir el análisis técnico y fundamental, que ayudaría a mitigar la influencia de este sesgo.

<u>Uso de Herramientas Automatizadas</u>: Algunas herramientas de análisis de inversión pueden ayudar a minimizar el sesgo de representatividad al proporcionar evaluaciones objetivas basadas en datos amplios en lugar de patrones recientes. Utilizar estas herramientas puede mejorar la toma de decisiones.

10. Efecto de Endowment en Bienes Poseídos: Cómo la posesión aumenta el valor percibido

El efecto de dotación es un sesgo cognitivo en el que las personas valoran más un bien simplemente porque lo poseen, incluso si el bien no tiene características especiales que lo distingan de otros similares. Este efecto puede llevar a que las personas exijan un precio más alto para vender un bien que ya poseen, en comparación con lo que estarían dispuestas a pagar si no lo tuvieran. En el contexto de consumo y economía, este fenómeno tiene implicaciones importantes en la valoración de bienes, decisiones de venta y compras.

El objetivo del estudio fue investigar cómo la posesión de un bien afecta la valoración subjetiva de su precio, comparando el precio que los participantes estaban dispuestos a aceptar para vender un bien que ya poseían frente al precio que estarían dispuestos a pagar si no lo tuvieran. Este estudio también buscó entender si el tipo de bien (como bienes de consumo diario versus bienes simbólicos) afecta la magnitud del efecto de dotación.

Metodología

1. Participantes
Se seleccionaron 200 participantes de distintas edades y con diferentes niveles de ingresos para tener una muestra representativa. Los participantes fueron informados de que formarían parte de un experimento de toma de decisiones de compra y venta, pero no se les informó específicamente sobre el objetivo de estudiar el efecto de dotación.

2. Diseño experimental
Se les asignan dos tipos de bienes:
<u>Bienes de consumo diario</u>: como tazas de café genéricas.

<u>Bienes simbólicos o sentimentales</u>: como un llavero con un diseño exclusivo o una edición limitada de un libro.

Los participantes fueron divididos en dos grupos:

<u>Grupo de Posesión (Sellers)</u>: A este grupo se le dio uno de los bienes (como una taza de café) y se les dijo que debían fijar un precio para venderlo.

<u>Grupo de No Posesión (Compradores)</u>: A este grupo se le mostró el mismo bien, pero se les pidió que indicaran el precio máximo que estarían dispuestos a pagar para adquirirlo.

3. Procedimiento

Cada participante en el grupo de posesión debía establecer el precio mínimo al que aceptaría vender el bien en su posesión, mientras que los participantes en el grupo de no posesión indicaban cuánto pagarían por el bien si decidían comprar. Los participantes calificaron su valoración en una escala monetaria y también respondieron preguntas sobre su apego al objeto y si sintieron que les era útil o especial.

Resultados

Los resultados del estudio demostraron una clara evidencia del efecto de dotación:

<u>Valoración del Bien (Precio de Venta vs. Precio de Compra):</u>
En promedio, los participantes en el grupo de posesión (sellers) emitieron un precio de venta aproximadamente 30% mayor al precio que el grupo de no posesión (buyers) estaba dispuesto a pagar.

Para los bienes simbólicos, como los llaveros exclusivos o ediciones limitadas, el efecto fue más fuerte, con los vendedores exigiendo precios hasta un 45% más altos en comparación con el precio de compra promedio.

<u>Apego y Percepción de Valor:</u>

Los participantes del grupo de posesión expresaron sentirse "dueños" del bien y manifestaron un mayor apego emocional hacia el objeto, especialmente con los bienes simbólicos. Este apego pareció intensificar la valoración subjetiva del bien.

La percepción de utilidad también influyó, aunque en menor medida que el apego emocional. En el caso de las tazas de café, que son más utilitarias, el efecto de dotación fue menor pero aún presente, con los vendedores exigiendo un precio de venta un 20% mayor que el precio de compra promedio.

<u>Resistencia a Vender</u>:

Al analizar los comentarios de los participantes, aquellos en el grupo de posesión mostraron una mayor resistencia a vender el bien, justificando su decisión en razones emocionales o sentimentales. Por ejemplo, algunos participantes mencionaron que, aunque el bien era común, el simple hecho de tenerlo hacía que lo consideraran "especial".

El estudio confirma que el efecto de dotación hace que las personas valoren más los bienes que ya poseen en comparación con el precio que estarían dispuestas a pagar si no los tuvieran. Esto sugiere que la propiedad no solo afecta el valor monetario asignado al bien, sino que también refuerza un sentido de apego emocional y una percepción de utilidad o exclusividad.

El efecto fue particularmente notorio en bienes simbólicos o con algún componente emocional, lo que indica que los objetos percibidos como "especiales" intensifican aún más el sesgo de dotación. Sin embargo, incluso en bienes utilitarios como una taza de café, el efecto persistió, aunque en menor grado.

Implicaciones Prácticas

<u>Marketing y Estrategias de Venta</u>: Los vendedores pueden capitalizar el efecto de dotación permitiendo que los consumidores sientan "posesión temporal" de un producto, como los periodos de prueba o las muestras gratuitas. Esta sensación de propiedad puede llevar a los clientes a valorar más el producto y a incrementar su disposición a pagar por él.

<u>Negociaciones y Compras</u>: Los compradores y negociadores deben ser conscientes de que este sesgo puede influir en los precios de compra. Un vendedor puede valorar de manera irracional un bien simplemente por el hecho de poseerlo, por lo que es útil abordarlo desde una perspectiva racional y objetiva en negociaciones.

<u>Decisiones Personales de Venta</u>: Para los individuos que buscan vender bienes personales, comprender el efecto de dotación puede ayudarles a evitar sobrevaluaciones que dificulten la venta. Ser consciente del valor emocional asociado al bien ayuda a ajustar las expectativas y facilitar el proceso de venta.

11. Incertidumbre en Precios Variables: Cómo la volatilidad afecta las decisiones de compra de los consumidores

La incertidumbre en precios variables es un fenómeno que se observa cuando los precios de ciertos productos fluctúan constantemente, lo que genera una percepción de riesgo e imprevisibilidad en los consumidores. En mercados donde los precios cambian rápidamente (por ejemplo, boletos de avión, bienes de consumo de alta demanda y plataformas de comercio electrónico), la incertidumbre puede influir significativamente en las decisiones de compra. Comprender cómo la volatilidad de los precios afecta la disposición de compra es esencial para diseñar estrategias de precios y marketing efectivas.

El objetivo del estudio fue investigar cómo las variables de precios y su consecuente incertidumbre afectan las decisiones de compra de los consumidores. En particular, el estudio examina si la volatilidad de los precios genera actitudes más conservadoras en los compradores, impulsándolos a evitar la compra o a buscar alternativas con precios más estables.

Metodología

1. Participantes
Se seleccionaron 300 participantes de diversas edades y antecedentes económicos, con una experiencia de compra previa en plataformas que implementan precios variables (como sitios de viajes y comercio electrónico). Se informó a los participantes que

formarían parte de un estudio sobre toma de decisiones de compra en un entorno de precios fluctuantes.

2. Diseño experimental

Para recrear un entorno de precios variables, se desarrollaron tres escenarios de compra en los que se simulaban fluctuaciones de precios en productos de interés común (como vuelos, dispositivos electrónicos y productos de moda). Los escenarios fueron:

Escenario de Baja Volatilidad: El precio fluctuaba ligeramente, con cambios menores del 5% en el precio original.

Escenario de Volatilidad Media: El precio fluctuaba con cambios entre el 10% y el 20%.

Escenario de Alta Volatilidad: El precio oscilaba de forma significativa, con variaciones superiores al 30%. A los participantes se les presentó un producto en cada escenario y se les pidió que tomaran una decisión de compra. También se les solicitó que calificaran su nivel de confianza en la decisión y su nivel de satisfacción con el precio, utilizando una escala del 1 al 7.

3. Procedimiento

En cada escenario, los participantes observaban cómo el precio del producto cambiaba de forma aleatoria durante un breve período, simulando la experiencia de un consumidor al enfrentarse a precios que fluctúan constantemente. Luego, debían decidir si comprar el producto al precio mostrado en el momento, esperar una posible reducción o buscar alternativas.

Las variables de interés incluyen:

<u>Intención de Compra</u>: La decisión final del participante sobre si comprar el producto o no.

<u>Confianza en la Decisión</u>: Nivel de seguridad respecto a la decisión de compra tomada en un entorno de precios fluctuantes.

<u>Satisfacción con el precio</u>: Grado de satisfacción con el precio en función de la percepción de volatilidad.

El estudio arrojó resultados significativos sobre cómo la incertidumbre en precios variables afecta la toma de decisiones de los consumidores:

Intención de compra:

En el escenario de baja volatilidad, el 75% de los participantes decidieron comprar el producto sin esperar más cambios de precio. La menor fluctuación generaba una percepción de estabilidad y confianza en la compra.

En el escenario de volatilidad media, la intención de compra se redujo al 50%, con varios participantes optando por esperar una posible disminución del precio.

En el escenario de alta volatilidad, solo el 30% de los participantes decidieron comprar el producto. La mayoría expresó preferencia por esperar o buscar alternativas más estables.

Confianza en la decisión:

Los participantes en el escenario de baja volatilidad reportaron un nivel de confianza alto en su decisión (con una media de 6.5 en la escala de 7 puntos).
En el escenario de volatilidad media, la confianza cayó a 5, lo que refleja una mayor inseguridad.

En el escenario de alta volatilidad, la confianza se reduce a una media de 3.5, indicando altos niveles de incertidumbre en un entorno con precios impredecibles.

Satisfacción con el precio:
La satisfacción con el precio fue notablemente mayor en el escenario de baja volatilidad (media de 6 sobre 7), debido a la percepción de un precio justo y estable.

En el escenario de volatilidad media, la satisfacción aumentó a un promedio de 4.5, reflejando una percepción de inestabilidad que afectaba la disposición de pago.

En el escenario de alta volatilidad, la satisfacción se reduce a 3, indicando que los precios volátiles generan insatisfacción y perciben el precio como poco confiable.

El estudio muestra que la incertidumbre generada por las variables de precios tiene un impacto directo en la intención de compra, la confianza y la satisfacción de los consumidores. En escenarios de alta volatilidad, los consumidores tienden a aplazar la compra, a buscar alternativas o a esperar precios más bajos. Este efecto se debe a la percepción de riesgo y la falta de control sobre el precio, lo que hace que los consumidores perciban el producto como una opción de valor incierto.

Además, la satisfacción con el precio disminuye considerablemente en escenarios de alta volatilidad, ya que los consumidores se sienten menos cómodos y tienden a pensar que podrían estar pagando un precio injusto o inadecuado. Esto sugiere que la percepción de equidad en el precio está estrechamente relacionada con la estabilidad.

Implicaciones para estrategias de precios y marketing

Precios transparentes y estabilidad en productos clave: Para productos de alta rotación o de gran demanda, las empresas deben considerar minimizar la variabilidad en los precios y ser transparentes respecto a las razones detrás de los cambios de precios. La estabilidad percibida aumenta la disposición de compra y la satisfacción.

Comunicación de las razones de fluctuación de precios: Cuando los precios deben variar (por ejemplo, debido a la oferta y la demanda), es recomendable comunicar los motivos de la fluctuación para reducir la percepción de riesgo e incertidumbre. Hay que explicar que los cambios son temporales o estacionales y puede ayudar a calmar la preocupación del consumidor.

Ofertas y promociones en entornos volátiles: Para compensar la percepción negativa en precios variables, las empresas pueden implementar promociones o descuentos que brinden al consumidor una sensación de control sobre el precio final.

<u>Programas de precios estables para clientes frecuentes:</u> Ofrecer un programa de precios estables o descuentos para clientes frecuentes puede crear lealtad y atraer a aquellos que evitan las fluctuaciones.

12. Efecto de Framing en decisiones financieras: Cómo la presentación de información afecta la toma de decisiones

El efecto de encuadre es un sesgo cognitivo que ocurre cuando la manera en que se presenta una información influye en las decisiones de las personas. En el ámbito financiero, este fenómeno puede impactar significativamente la toma de decisiones, ya que la forma en que se enmarcan los datos y opciones (por ejemplo, enfatizando ganancias o pérdidas) puede cambiar la percepción del riesgo y modificar la elección de los individuos.

El objetivo de este estudio fue analizar cómo el framing o encuadre afecta las decisiones financieras, especialmente en contextos de inversión y ahorro. Se buscó comprender si el cuadro positivo (enfocado en las ganancias potenciales) o negativo (centrado en las pérdidas posibles) cambia la disposición de los individuos a asumir riesgos financieros. Este estudio también analizó si ciertos perfiles de personas (como inversores más conservadores o arriesgados) respondían de manera diferente al framing.

Metodología

1. Participantes

Se seleccionarán 250 participantes adultos de diversos perfiles económicos, con una experiencia de entre 1 y 15 años en decisiones financieras personales (inversiones, ahorros o préstamos). A los participantes se les informó de que tomarían parte en un estudio sobre toma de decisiones financieras y gestión de riesgos, pero no se les comunicó que el foco del estudio era el efecto de framing.

2. Diseño experimental

El experimento consistió en presentar una serie de escenarios financieros en los que los participantes debían tomar decisiones sobre invertir o ahorrar, con las opciones marcadas de manera diferente:

Framing positivo (Enfoque en Ganancias): Los escenarios se presentaban enfatizando los beneficios potenciales de cada decisión, como las ganancias esperadas.

Framing negativo (Enfoque en Pérdidas): Los mismos escenarios se presentaban de manera que enfatizaban las pérdidas posibles o las oportunidades perdidas.

Por ejemplo, un escenario de inversión podría decir:

Positivo: "Tiene una probabilidad del 70% de obtener una ganancia de $1,000 en este fondo de inversión."

Negativo: "Tiene una probabilidad del 30% de perder $1,000 si invierte en este fondo."

Cada participante tomaba decisiones en ambos tipos de cuadro, y los escenarios variaban entre inversiones de bajo, medio y alto riesgo. Los participantes indicaron su elección y calificaron también su nivel de confianza y satisfacción con la decisión.

3. Procedimiento

A cada participante se le presentarán seis escenarios financieros con tres tipos de riesgo (bajo, medio, alto) en ambos cuadros (positivo y negativo). Después de cada decisión, los participantes respondieron una encuesta breve sobre su percepción del riesgo, el grado de confianza en su decisión y la satisfacción con la elección.

Se registraron las siguientes variables:

Decisión final (Aceptar o rechazar la inversión)
Nivel de confianza en la decisión
Satisfacción con la decisión

Los resultados del estudio mostraron que el framing afectó notablemente las decisiones de los participantes, especialmente en escenarios de riesgo moderado y alto.

En el cuadro positivo, el 65% de los participantes aceptaron opciones de inversión de riesgo medio y alto, destacando que la perspectiva de posibles ganancias los hacía más propensos a aceptar el riesgo.

En el cuadro negativo, solo el 40% de los participantes eligieron las mismas opciones de inversión de riesgo medio y alto. La posibilidad de pérdida presentada de manera explícita generó aversión al riesgo y una preferencia por la seguridad.

Los participantes en el cuadro positivo reportaron un nivel de confianza superior en su decisión (con una media de 7 en una escala de 10), en comparación con aquellos en el cuadro negativo, que mostraron una confianza promedio de 5.5.

Esto sugiere que la presentación optimista de los resultados potenciales ayuda a los individuos a sentirse más seguros y dispuestos a tomar decisiones en un contexto de incertidumbre.

Los participantes reportaron mayores niveles de satisfacción en el cuadro positivo (media de 7.2 sobre 10) en comparación con el cuadro negativo (media de 6 sobre 10), destacando que el enfoque en posibles ganancias aumenta la percepción de que la elección es la correcta.

Esta diferencia en la satisfacción también refleja que las personas perciben de manera más favorable los riesgos financieros cuando se marcan como oportunidades de ganar en lugar de evitar pérdidas.

Los participantes con experiencia en inversiones de alto riesgo mostraron menos influencia del encuadre que aquellos con perfiles conservadores. Sin embargo, incluso los inversores experimentados tendían a preferir el cuadro positivo cuando se enfrentaban a decisiones de alto riesgo.

Este estudio confirma que el framing tiene un impacto significativo en las decisiones financieras y en la percepción de riesgo de los consumidores. La presentación de información en términos de ganancias potenciales, en lugar de pérdidas, aumenta la disposición de las personas a asumir riesgos financieros, elevando su confianza y satisfacción con las decisiones tomadas.

La investigación también sugiere que el framing puede aprovecharse estratégicamente para influir en la percepción de riesgo de los clientes y guiarlos hacia productos o decisiones de inversión específicas. La inclinación a aceptar riesgos cuando se enmarcan en un contexto positivo refleja cómo la psicología de la presentación de la información puede moldear la conducta en entornos financieros.

Implicaciones prácticas

<u>Marketing Financiero y Estrategias de Venta</u>: Los asesores financieros y las instituciones pueden utilizar el cuadro positivo para mejorar la aceptación de productos financieros de mayor riesgo, resaltando las ganancias potenciales en lugar de las posibles pérdidas.

<u>Educación Financiera y Toma de Decisiones</u>: Para tomar decisiones más objetivas, los individuos deben aprender a identificar cómo el marco influye en sus decisiones y a considerar tanto las ganancias como las pérdidas de manera equilibrada.

<u>Regulación y Ética en Publicidad Financiera</u>: La regulación puede exigir que se presenten tanto las ventajas como las desventajas de los productos financieros para evitar que los consumidores tomen decisiones basadas únicamente en la presentación positiva o negativa de un escenario.

13. Aversión a la incertidumbre en finanzas: Cómo la incertidumbre influye en las decisiones de inversión

La aversión a la incertidumbre es un sesgo cognitivo que describe la tendencia de las personas a evitar situaciones en las que los resultados son inciertos. En el ámbito financiero, este sesgo afecta cómo los inversores eligen y gestionan sus inversiones, especialmente en contextos de volatilidad de mercado, activos riesgosos o cuando los retornos futuros no están claramente definidos. Las personas aversas a la incertidumbre prefieren opciones más seguras incluso si las ganancias potenciales son menores, lo que puede limitar sus oportunidades de crecimiento financiero. Este estudio explora cómo la aversión a la incertidumbre influye en las decisiones de inversión y las implicaciones de este sesgo en el comportamiento financiero.

El objetivo de este estudio fue analizar cómo la aversión a la incertidumbre impacta en las decisiones de inversión de individuos con distintos niveles de tolerancia al riesgo. Se buscó determinar si las personas evitan activos con resultados inciertos, cómo la incertidumbre afecta su percepción de riesgo y de retorno, y cómo el nivel de experiencia en inversiones influye en esta tendencia.

Metodología

1. Participantes
Se seleccionarán 300 participantes adultos con diferentes perfiles de inversión y tolerancia al riesgo, desde inversores conservadores hasta aquellos con perfiles de alto riesgo. Los participantes tenían experiencia en decisiones financieras (como ahorros o inversión en acciones) y un conocimiento básico de términos financieros. Cada participante fue informado de que el estudio evaluaría su percepción de riesgo en escenarios de inversión, aunque no se especificó que el enfoque estaba en la aversión a la incertidumbre.

2. Diseño experimental
El experimento consistió en presentar a los participantes una serie de opciones de inversión, con escenarios de diferentes grados de certeza en los rendimientos futuros. Los escenarios incluidos:

<u>Opción Segura</u>: Un producto financiero de bajo rendimiento, pero con garantía de retorno (ej., un bono gubernamental con rendimiento del 2% anual).

<u>Opción con Incertidumbre Moderada</u>: Una inversión en un fondo de renta fija con un rendimiento estimado entre el 2% y el 6%, pero sin garantía de retorno específico.

<u>Opción con Alta Incertidumbre</u>: Una inversión en el mercado de acciones, con rendimiento no garantizado y alta volatilidad, proyectando retornos que podrían variar entre un 0% y un 15%.

Cada participante eligió entre estas tres opciones en distintos escenarios y respondió preguntas sobre su nivel de confianza en la decisión, su percepción del riesgo y su satisfacción anticipada con la elección. También se les pidió que calificaran su aversión a la incertidumbre y su nivel de experiencia en inversiones.

3. Procedimiento

A lo largo de cinco sesiones de inversión simulada, se registraron las siguientes variables:

Decisión de inversión (elección de la opción)
Confianza en la elección
Percepción del riesgo asociado a cada opción
Satisfacción anticipada con el resultado

Cada escenario se presentaba de forma que enfatizaba la incertidumbre en los rendimientos, para evaluar cómo la aversión a la incertidumbre impactaba en cada elección.

Los resultados del estudio revelaron diferencias significativas en cómo la aversión a la incertidumbre afecta las decisiones de inversión de los individuos, así como variaciones según el perfil de inversión y el nivel de experiencia.

Preferencia por opciones seguras:

El 68% de los participantes eligieron la Opción Segura (bono con rendimiento garantizado) en al menos tres de los cinco escenarios, prefiriendo un rendimiento bajo y seguro frente a opciones con mayor potencial de ganancia, pero también mayor incertidumbre.

En particular, los inversores con menor experiencia o con un perfil de riesgo conservador evitarán opciones inciertas, incluso cuando el potencial de retorno era mucho más alto.

Efecto de la experiencia en la Tolerancia a la Incertidumbre:

Los participantes con más experiencia en inversiones mostraron una mayor tolerancia a la incertidumbre: el 45% de este grupo eligió la Opción de Alta Incertidumbre en al menos dos escenarios, comparado con solo el 20% de los participantes con menor experiencia.

Esto sugiere que la familiaridad con el mercado y la exposición previa a la volatilidad pueden reducir la aversión a la incertidumbre y hacer que los inversores se sientan más cómodos asumiendo riesgos.

Confianza y Percepción del Riesgo:

La confianza en la decisión fue significativamente menor en las opciones con alta incertidumbre, con una media de 4 sobre 10, comparada con una media de 8 en las opciones seguras. Esto refleja cómo la incertidumbre afecta la percepción de control, lo que disminuye la seguridad de los inversores en su elección.

La percepción del riesgo fue mayor en los escenarios de alta incertidumbre, con una puntuación promedio de 8 en una escala de 10, mientras que en opciones seguras el riesgo percibido fue de solo 2.

Satisfacción anticipada con el resultado:

La satisfacción anticipada fue más alta en las opciones seguras, con un promedio de 7.5 en una escala de 10. Sin embargo, los participantes con un perfil más arriesgado manifestaron una satisfacción anticipada mayor en las opciones inciertas (promedio de 6.8), reflejando una preferencia por opciones con mayor potencial de rendimiento.

Efecto General de la Aversión a la Incertidumbre:

En general, la aversión a la incertidumbre influyó de manera significativa en la toma de decisiones. Los participantes tendieron a evitar opciones con alta variabilidad en los rendimientos, incluso si eso significaba menores beneficios. Este efecto fue particularmente fuerte entre los participantes conservadores o con menor experiencia, quienes se mostraron reacciones a asumir riesgos en entornos inciertos.

El estudio muestra que la aversión a la incertidumbre es una barrera importante en las decisiones de inversión, empujando a los individuos hacia opciones seguras, aunque estas limitan su potencial de ganancia. Esta preferencia puede ser perjudicial en el largo plazo, ya que el miedo a la incertidumbre impide que muchos inversores aprovechen las oportunidades de crecimiento. La experiencia parece jugar un papel clave en reducir la aversión a la incertidumbre: los inversores más experimentados y familiarizados con la volatilidad tienden a aceptar mejor el riesgo y la incertidumbre.

La diferencia en confianza y satisfacción anticipada también sugiere que los individuos que prefieren opciones inciertas experimentan una recompensa psicológica al asumir más riesgo, mientras que quienes tienen un perfil conservador experimentan un alivio y satisfacción en la seguridad, aunque esto pueda traducirse en un costo de oportunidad.

Implicaciones Prácticas

<u>Educación Financiera:</u> Incrementar el nivel de educación y experiencia de los inversores puede ayudar a mitigar la aversión a la incertidumbre. Programas educativos que incluyen simulaciones y análisis históricos sobre volatilidad pueden reducir el miedo y ayudar a los individuos a tomar decisiones más equilibradas.

<u>Diseño de Productos Financieros:</u> Las instituciones financieras podrían desarrollar productos que integren ciertos grados de seguridad con potencial de

crecimiento, como fondos mixtos que combinan activos seguros y de riesgo moderado. Estos productos pueden satisfacer la necesidad de seguridad mientras permiten alguna exposición a activos de mayor rendimiento.

<u>Asesoramiento Personalizado:</u> Para los inversores aversos a la incertidumbre, un asesor financiero puede ayudar a estructurar una cartera que reduzca la exposición a la volatilidad en etapas tempranas y gradualmente incremente el riesgo a medida que el inversor se familiariza con el mercado.

<u>Comunicación transparente sobre riesgos:</u> La claridad en la comunicación de los riesgos y la transparencia sobre la volatilidad y los factores que la generan puede ayudar a reducir la aversión a la incertidumbre. Cuando los inversores comprenden mejor los factores detrás de la incertidumbre, es más probable que se sientan seguros para tomar decisiones de riesgo calculadas.

14. Conformidad Social en Inversiones: Cómo la influencia del grupo afecta la toma de decisiones financieras

La conformidad social es el fenómeno por el cual los individuos adaptan sus decisiones y comportamientos en función de la influencia de otros, generalmente para alinearse con el grupo. En el contexto de las inversiones, la conformidad social puede llevar a los inversores a elegir activos o estrategias basadas en las decisiones de otros, incluso si esto va en contra de su análisis personal o tolerancia al riesgo. Este fenómeno puede contribuir a la formación de burbujas especulativas o caídas de mercado cuando muchos inversores siguen la misma tendencia sin un análisis adecuado.

Este estudio buscó analizar cómo la conformidad social influye en las decisiones de inversión, examinando hasta qué punto los inversores siguen las decisiones de otros cuando estas contradicen su juicio personal. Se analizó si los inversores se sienten más seguros o satisfechos al seguir al grupo y si esto varía en función de la experiencia y la tolerancia al riesgo de cada individuo.

Metodología

1. Participantes
El estudio incluyó a 200 participantes adultos, de diversos niveles de experiencia en inversiones, desde principiantes hasta inversores experimentados. Los participantes fueron seleccionados de una muestra de personas con conocimientos básicos de finanzas y se les informó que participarían en una serie de decisiones de inversión en un contexto simulado.

2. Diseño experimental
Se diseñó un entorno de inversión simulado en el que los participantes debían tomar decisiones sobre una serie de opciones de inversión. Cada decisión estaba precedida por información sobre las preferencias de un grupo ficticio de otros inversores (la "opinión del

grupo"), la cual a veces coincidía y otras veces contradecía el análisis objetivo del escenario presentado.

Las opciones de inversión se dividieron en tres categorías:

Opción Conservadora: Activos de bajo riesgo y bajo rendimiento, como bonos gubernamentales.

Opción Moderada: Fondos con rendimientos variables de riesgo medio, como fondos de renta fija.

Opción Arriesgada: Acciones individuales de alto riesgo y volatilidad.

Para aumentar el efecto de la conformidad social, se diseñan dos tipos de influencia grupal en cada escenario:

Influencia Alta: La mayoría del grupo ficticio (80%) elegía una opción específica.

Influencia Baja: Una minoría del grupo ficticio (20%) elegía una opción específica.

Cada participante elige entre las tres opciones en varios escenarios. Se evaluó la influencia grupal sobre la decisión y se registraron también variables como la confianza en la elección y el nivel de satisfacción anticipada.

3. Procedimiento

Los participantes realizaron 10 decisiones de inversión con diferentes grados de influencia grupal. Después de cada decisión, completaron una breve encuesta en la que indicaban:

Nivel de confianza en la decisión
Grado de satisfacción con la decisión
Percepción del riesgo en la elección
Percepción de influencia grupal

Se reconocieron y analizaron los datos para identificar patrones de conformidad y sus efectos en las decisiones individuales.

Los resultados muestran que la conformidad social tuvo un impacto significativo en las decisiones de inversión, especialmente cuando la influencia grupal era alta y las decisiones eran de alto riesgo.

Tendencia a seguir la opinión del grupo:

El 75% de los participantes siguió la decisión mayoritaria del grupo en los escenarios de influencia alta, incluso cuando esta opción implicaba mayor riesgo o menor rendimiento.

En los escenarios de influencia baja, solo el 40% de los participantes eligió la opción preferida por el grupo, indicando que la presión grupal disminuía cuando menos personas del grupo optaban por la misma inversión.

Nivel de Experiencia y Conformidad:

Los participantes con menor experiencia en inversiones mostraron una tendencia más alta a seguir al grupo, con un 85% de conformidad en escenarios de alta influencia. Este porcentaje disminuyó al 60% en el grupo de inversores experimentados, quienes demostraron una mayor independencia en sus decisiones.

Esto sugiere que la falta de experiencia aumenta la susceptibilidad a la conformidad social, mientras que la experiencia parece actuar como una barrera frente a la presión del grupo.

Confianza y Satisfacción con la Decisión:

Los participantes reportaron un mayor nivel de confianza en sus decisiones cuando coincidían con la opinión del grupo (media de 7 sobre 10) en comparación con decisiones independientes (media de 5). Esto muestra que la conformidad social proporciona una sensación de seguridad y respaldo psicológico.

Sin embargo, la satisfacción anticipada fue menor cuando la elección implicaba un riesgo elevado, indicando que la influencia grupal puede generar dudas o tensiones internas cuando va en contra del perfil de riesgo del inversor.

Percepción del riesgo:

En situaciones de influencia grupal alta, la percepción del riesgo se reduce para muchos participantes, quienes interpretaron la preferencia del grupo como una "validación" de la seguridad de la opción, aunque objetivamente fuera una inversión de alto riesgo.

Este efecto se observará principalmente entre los participantes principiantes, quienes demostraron una tendencia a minimizar el riesgo percibido al seguir al grupo, confiando en el juicio mayoritario más que en el análisis individual.

Patrones de Conformidad en Escenarios Arriesgados:

En los escenarios de alto riesgo, el 70% de los participantes optaron por seguir la elección del grupo, aunque esta decisión podría conllevar pérdidas potenciales. Esto sugiere que, en momentos de incertidumbre o presión, los inversores tienden a conformarse con la opinión del grupo para minimizar la carga de responsabilidad individual.

Este estudio resalta cómo la conformidad social puede influir en las decisiones financieras, llevando a los inversores a seguir la tendencia del grupo, incluso cuando esta opción no es la óptima para su situación o perfil de riesgo. La tendencia a evitar decisiones contrarias a la mayoría parece estar motivada por la búsqueda de seguridad y validación, especialmente entre inversores con poca experiencia.

Aunque seguir la opinión del grupo puede brindar cierta tranquilidad, este comportamiento también puede conllevar riesgos, como la exposición excesiva a activos inadecuados o la participación en burbujas especulativas. Los resultados del estudio indican que la conformidad social disminuye a medida que los individuos ganan experiencia y confianza en sus habilidades de inversión, lo que refuerza la importancia de la educación financiera.

Implicaciones Prácticas

Educación y Asesoramiento Financiero: Los asesores pueden ayudar a los inversores a desarrollar un criterio más independiente, enseñándoles a identificar la influencia del sesgo de conformidad social y a tomar decisiones basadas en análisis sólidos.

Diversificación de Estrategias: Fomentar la diversificación y la consideración de estrategias alternativas puede ayudar a los inversores a evitar la presión del grupo y mantener una cartera alineada con sus propios objetivos y perfil de riesgo.

Conciencia de las Burbujas Especulativas: Las instituciones financieras pueden educar a los inversores sobre cómo la conformidad social contribuye a la formación de burbujas especulativas, promoviendo así una cultura de inversión crítica y fundamentada.

Desarrollo de Confianza y Autonomía: Los programas de educación financiera deben enfatizar la importancia de la confianza en el propio juicio y la capacidad de evaluar el riesgo de forma individual, ayudando a los inversores a resistir la presión del grupo.

15. Ilusión de control en decisiones de negocios: Cómo la percepción exagerada de control impacta la toma de decisiones

La ilusión de control se refiere a la tendencia de los individuos a sobreestimar su capacidad para influir en eventos que, en realidad, están dominados por el azar o factores externos. En decisiones de negocios, esta ilusión puede llevar a empresarios y directivos a asumir riesgos innecesarios, a tomar decisiones excesivamente confiadas o a ignorar variables externas que pueden afectar el resultado.

El estudio tuvo como objetivo investigar el efecto de la ilusión de control en la toma de decisiones empresariales, especialmente en escenarios de alta incertidumbre. Se buscó analizar cómo afecta la percepción exagerada de control:

La toma de riesgos en decisiones de negocio.
La confianza en el éxito de los proyectos.
La disposición a comprometer recursos financieros y humanos.

Metodología

1. Participantes
Se seleccionaron 150 participantes que ocupan cargos de alta dirección en diversas empresas, incluidas startups y empresas consolidadas de diferentes sectores como tecnología, servicios y fabricación. La muestra incluye tanto líderes experimentados como

novatos en puestos de gestión, con el fin de observar si la ilusión de control varía con la experiencia.

2. Diseño experimental

Para evaluar la ilusión de control en contextos empresariales, se creó un entorno de simulación de decisiones de negocios. Los participantes fueron presentados con tres tipos de escenarios en los que debían decidir si invertir recursos en proyectos con niveles de éxito dependientes, en buena medida, del azar.

Escenarios de decisión:

Escenario Controlado: Se ofrecía una clara relación entre decisiones y resultados, donde el éxito estaba en gran medida influenciado por las acciones de los participantes.

Escenario Intermedio: La relación entre decisión y resultado era incierta, existiendo tanto elementos controlables como azarosos que influyeron en el éxito del proyecto.

Escenario de Alta Incertidumbre: El éxito del proyecto dependía en gran parte del azar, con pocos o nulos elementos bajo el control de los participantes.

Cada escenario incluía un proyecto hipotético (por ejemplo, expansión de mercado, lanzamiento de un nuevo producto) en el que los participantes debían decidir la cantidad de recursos a invertir y su nivel de compromiso personal con el proyecto. Después de cada decisión, se pidió a los participantes que calificaran su nivel de confianza en el éxito del proyecto y el grado de control percibido sobre el resultado.

3. Procedimiento

Los participantes respondieron una serie de preguntas para cada escenario, que incluían:

<u>Cantidad de recursos a invertir:</u> ¿Cuánto estarían dispuestos a asignar al proyecto?

<u>Nivel de compromiso personal:</u> ¿Hasta qué punto participarían en el seguimiento y ejecución del proyecto?

<u>Confianza en el éxito:</u> Una calificación del 1 al 10 sobre la confianza en el éxito del proyecto.

<u>Grado de control percibido:</u> Una calificación del 1 al 10 sobre el control que creían tener sobre el resultado final.

Los datos fueron recolectados y analizados para identificar patrones de toma de decisiones y observar la relación entre el control percibido y las decisiones de inversión.

Los resultados revelaron una marcada tendencia de los participantes a experimentar una ilusión de control, especialmente en escenarios de alta incertidumbre.

Mayor Percepción de Control en Escenarios de Incertidumbre:

En el escenario de alta incertidumbre, el 65% de los participantes percibieron un grado moderado o alto de control sobre el resultado, a pesar de que el éxito del proyecto dependía mayormente del azar.

En escenarios con baja o nula conexión entre las decisiones y el éxito final, los participantes sobrestimaron consistentemente su control.

Toma de riesgos elevados en Escenarios de Alta Incertidumbre:

En el escenario de alta incertidumbre, el 70% de los participantes estaba dispuesto a invertir más recursos de los que invertían en escenarios con menos incertidumbre, interpretando erróneamente su capacidad para influir en el resultado.

En promedio, los participantes comprometieron un 30% más de recursos en el escenario incierto en comparación con el escenario controlado, donde el éxito dependía directamente de sus decisiones.

Exceso de confianza en el éxito del proyecto:

A pesar de la naturaleza incierta de los escenarios, los participantes calificaron su confianza en el éxito del proyecto con una media de 7.5 sobre 10, especialmente en el escenario de alta incertidumbre.

Los participantes menos experimentados en la toma de decisiones empresariales mostraron niveles aún más altos de confianza en el éxito, con una media de 8.2, en comparación con 6.5 de los directivos más experimentados.

Compromiso personal y asignación de recursos:

Los participantes mostraron una mayor disposición a involucrarse personalmente en proyectos con alta incertidumbre, reflejando una ilusión de control que los hacía creer que su participación directa podría influir en los resultados.

Los participantes se comprometieron a asignar entre un 10-20% más de recursos humanos y financieros en los escenarios inciertos que en aquellos donde tenían mayor control sobre los resultados.

Este estudio demuestra que la ilusión de control es particularmente fuerte en escenarios de incertidumbre, donde los individuos tienden a percibir que su influencia sobre los resultados es mayor de lo que realmente es. Esta percepción exagerada del control afecta las decisiones de negocio al incrementar la propensión al riesgo, la confianza en el éxito y la disposición a comprometer recursos, a menudo de manera irracional.

La experiencia también fue un factor clave: los participantes con menos experiencia mostraron una tendencia más pronunciada hacia la ilusión de control. Esto puede deberse a que los directivos menos experimentados tiendan a subestimar la influencia del azar y sobreestiman la importancia de su propio rol en el éxito de un proyecto. Los directivos más experimentados, en cambio, mostraron una visión más realista y cautelosa, siendo menos propensos a asumir riesgos elevados en escenarios inciertos.

Implicaciones Prácticas

Los resultados de este estudio sugieren varias recomendaciones para evitar los efectos negativos de la ilusión de control en las decisiones comerciales:

Desarrollar Conciencia sobre el Sesgo: La formación y educación en sesgos cognitivos puede ayudar a los directivos a reconocer cuándo están sobreestimando su influencia y a tomar decisiones más realistas en entornos inciertos.

Implementación de Estrategias Basadas en Datos: Fomentar el uso de análisis de datos y modelos predictivos en la toma de decisiones puede reducir la influencia del azar, proporcionando una base más objetiva para la asignación de recursos y la toma de riesgos.

Revisión y Supervisión Externa: Incluir opiniones de terceros o asesoramiento externo en la toma de decisiones importantes puede ayudar a mitigar el sesgo de ilusión de control, aportando una perspectiva imparcial sobre la relación entre las decisiones y los posibles resultados.

<u>Toma de Decisiones Escalonada</u>: La toma de decisiones basada en hitos permite reevaluar la situación en cada fase, lo que puede ser una estrategia efectiva para no comprometer todos los recursos en proyectos de alto riesgo desde el principio.

16. Efecto de la gratificación retrasada en inversiones: Cómo la paciencia afecta las decisiones financieras

La gratificación retrasada se refiere a la capacidad de posponer la recompensa inmediata a favor de un beneficio mayor en el futuro. En el ámbito de las inversiones, esta capacidad influye notablemente en la disposición a asumir riesgos, en la paciencia para esperar mayores rendimientos y en la capacidad de resistir tentaciones de consumo a corto plazo.

El objetivo principal de este estudio fue analizar cómo la capacidad de posponer la gratificación inmediata impacta la propensión de los individuos a:
Elegir opciones de inversión de alto rendimiento a largo plazo frente a alternativas de baja rentabilidad con pago inmediato.

Mantener sus inversiones en el tiempo sin retirarlas prematuramente.

Ahorrar en lugar de consumir inmediatamente, en función de una mentalidad de mayor recompensa futura.

Se buscó entender si la disposición a retrasar la gratificación es un factor determinante en las decisiones de inversión y en la acumulación de riqueza a largo plazo.

Metodología

1. Selección de participantes
El estudio incluyó a 100 participantes, todos ellos adultos con distintos grados de experiencia en inversiones. La muestra fue seleccionada de entre personas que habían expresado interés en ahorrar o invertir, para asegurar que todos tuvieran un contexto de relevancia financiera.

2. Diseño del estudio

Para evaluar la gratificación retrasada, se implementaron dos enfoques principales:

Prueba de Opciones de Inversión:
Los participantes recibieron dos opciones de inversión para un fondo simulado:

Opción A: Ofrecía un retorno del 5% anual garantizado, con pagos semestrales.

Opción B: Ofrecía un retorno potencial del 20% después de cinco años, pero con un riesgo mayor y sin garantías de rendimiento a corto plazo.

Evaluación de Preferencia de Consumo Inmediato vs. Ahorro:

Los participantes también completaron un cuestionario de preferencia de gratificación que evaluaba su predisposición a posponer la recompensa en decisiones financieras cotidianas. Se incluyeron preguntas sobre decisiones hipotéticas como:

Prefiere un descuento en efectivo hoy o un porcentaje mayor en seis meses.
La disposición a gastar en un artículo de consumo inmediato versus invertir para un mayor beneficio futuro.

3. Recopilación de Datos y Análisis

Los datos fueron analizados para determinar si los participantes con mayor tendencia a retrasar la gratificación tenían una preferencia marcada por opciones de inversión a largo plazo, una mayor paciencia para esperar los beneficios de una inversión y una menor inclinación al consumo inmediato.

Los resultados del estudio ofrecieron varias conclusiones claras:

Aproximadamente el 70% de los participantes que mostraron una alta capacidad para posponer la gratificación seleccionando la Opción B, la inversión de mayor rendimiento a largo plazo y sin retorno inmediato.

En cambio, aquellos con menor capacidad para retrasar la gratificación prefirieron la Opción A, que ofrecía un pago más inmediato, aunque con una rentabilidad significativamente menor.

<u>Resistencia a Retirar Inversiones Prematuramente:</u>

En un ejercicio simulado donde se presentaron escenarios de volatilidad (como caídas temporales del mercado), los individuos con alta gratificación retrasada se mostraron menos propensos a retirar sus fondos prematuramente, en comparación con aquellos que preferían recompensas inmediatas.

El grupo con gratificación retrasada esperaba un promedio de dos años adicionales antes de considerar el retiro de fondos, frente a solo seis meses de espera en el grupo con menor capacidad de posponer gratificación.

<u>Mayor Tasa de Ahorro en Personas con Gratificación Retrasada:</u>

Los participantes que demostraron una capacidad de gratificación retrasada reportaron una tasa de ahorro personal anual aproximadamente un 15% superior a la de sus contrapartes que prefieren la gratificación inmediata.

Este grupo también mostró una menor inclinación a utilizar ingresos extra para consumo inmediato, eligiendo en su lugar la reinversión o el ahorro.

<u>Menor Tolerancia al Riesgo en Inversiones de Gratificación Inmediata:</u>

Aquellos con una tendencia a gratificación inmediata tendieron a evitar inversiones de riesgo elevado, prefiriendo opciones conservadoras o con rendimientos seguros, aunque menores, incluso en contextos que no garantizaban un beneficio sustancial en el tiempo.

Este estudio sugiere que la capacidad de retrasar la gratificación es un factor importante en la toma de decisiones financieras y de inversión. Los individuos que pueden resistir el impulso de obtener recompensas inmediatas son más propensos a elegir opciones de inversión de largo plazo con mayor potencial de crecimiento, lo que podría ayudarles a acumular riqueza con el tiempo. Por otro lado, aquellos que buscan recompensas inmediatas tienden a tener una aversión al riesgo y una preferencia por opciones de inversión conservadoras, lo que puede limitar su capacidad de incrementar significativamente su patrimonio.

Estos resultados también son consistentes con investigaciones anteriores que muestran que la gratificación retrasada se asocia con una mejor planificación financiera y con mayores logros de objetivos a largo plazo.

Implicaciones Prácticas

<u>Educación Financiera para el Desarrollo de la Paciencia Financiera</u>:
Fomentar programas de educación financiera que desarrollen la capacidad de posponer gratificación puede ayudar a los individuos a tomar decisiones de inversión más sólidas y menos impulsivas.

<u>Asesoramiento Personalizado en Inversiones</u>:
Conocer el perfil de gratificación de los inversionistas podría permitir a asesores financieros ofrecer recomendaciones personalizadas, orientando a aquellos con baja gratificación retrasada hacia estrategias de inversión con rendimientos seguros y los inversores con alta gratificación retrasada hacia opciones de crecimiento a largo plazo.

<u>Uso de Herramientas de Ahorro de Largo Plazo</u>:
Incorporar productos financieros que bloquean el acceso temprano a los fondos, tales como cuentas de ahorro a largo plazo o fondos de inversión con restricción de retiros, puede ayudar a los inversionistas a evitar decisiones impulsivas y centradas en sus objetivos financieros a largo plazo.

17. Sesgo de Disponibilidad en la Estimación de Rendimientos Financieros: Cómo la información reciente afecta nuestras decisiones de inversión

El sesgo de disponibilidad es un fenómeno cognitivo en el que las personas tienden a evaluar la probabilidad de un evento basado en qué tan fácilmente pueden recordar ejemplos recientes o destacados. En el contexto de las finanzas, este sesgo puede llevar a los inversores a sobreestimar o subestimar el rendimiento futuro de activos calculando en eventos recientes y visibles, más que en datos objetivos de largo plazo.

El objetivo principal del estudio fue examinar cómo la información reciente y destacada en los medios de comunicación impacta la percepción de los inversores sobre el rendimiento probable de ciertos activos financieros. Específicamente, se buscaba identificar si el sesgo de disponibilidad provocaba una sobrevaloración de activos con cobertura mediática frecuente y una subvaloración de activos menos visibles, a pesar de contar con información objetiva sobre los mismos.

El estudio también tenía el objetivo de entender cómo los inversores novatos y experimentados reaccionan ante el sesgo de disponibilidad en sus estimaciones de rendimiento.

Metodología

1. Selección de participantes
Se reclutaron a 120 participantes de diferentes niveles de experiencia en inversión, asegurando una muestra equilibrada entre inversionistas novatos y experimentados.

2. Diseño del estudio
El estudio se dividió en dos fases para analizar cómo el sesgo de disponibilidad influye en la estimación de rendimiento:

Presentación de Información de Mercado:
A todos los participantes se les presentó información sobre dos tipos de activos financieros:

Activos de Alta Disponibilidad: Una serie de acciones de empresas ampliamente cubiertas en medios de comunicación recientes debido a sus altos rendimientos pasados.

Activos de Baja Disponibilidad: Un grupo de empresas menos conocidas que no habían aparecido en medios recientes, aunque sus acciones tenían rendimientos pasados similares o incluso superiores.

Estimación de Rendimientos Futuros:
Después de leer sobre los activos, los participantes debían estimar el rendimiento esperado de cada grupo de acciones durante los próximos cinco años. Las estimaciones se hicieron en un rango de probabilidad de rendimiento, es decir, qué tan probable consideraron que las acciones darían un rendimiento superior al 10% anual.

3. Análisis y Recopilación de Datos

Se analizaron las estimaciones de los participantes y se compararon con los rendimientos históricos y proyecciones objetivas de ambos tipos de activos. Se midió la diferencia en las proyecciones para evaluar si los participantes sobreestimaban las acciones de alta disponibilidad mediática en comparación con aquellas de baja disponibilidad.

Los resultados del estudio mostraron una influencia significativa del sesgo de disponibilidad en la percepción de rendimiento futuro de los activos:

Los participantes, tanto novatos como experimentados, sobreestimaron el rendimiento de los activos de alta disponibilidad en un promedio de 25%

en comparación con el rendimiento histórico real de estos activos. Es decir, debido a la exposición mediática, estos activos fueron percibidos como más prometedores, aunque sus rendimientos pasados no justificaban tal optimismo.

Los inversionistas novatos sobreestimaron estos activos en un rango aún mayor (30-35%) que los inversionistas experimentados, que, aunque afectados, mostraron una desviación menor.

En contraste, los activos menos cubiertos fueron mediáticamente subestimados, con una diferencia promedio del 15% en sus rendimientos estimados frente a su rendimiento histórico. A pesar de contar con un desempeño sólido, los participantes percibieron estos activos como de menor rentabilidad, en parte debido a la falta de visibilidad en los medios de comunicación.

Los inversionistas novatos mostraron una subestimación de hasta el 20%, mientras que los más experimentados fueron menos propensos a ignorar las cifras históricas de estos activos.

Los inversionistas experimentados, si bien también se vieron influenciados por el sesgo de disponibilidad, vieron menos impacto de este. La experiencia financiera pareció actuar como un factor moderador que ayudaba a compensar las percepciones inexactas, ya que eran más propensos a basarse en datos históricos objetivos.

Implicaciones Prácticas para los Inversionistas

Uso de Fuentes Diversas y Objetivas:
Este estudio resalta la importancia de utilizar fuentes de información diversas y de no depender únicamente de noticias recientes o de moda en los medios de comunicación para tomar decisiones de inversión. La disponibilidad de información no necesariamente indica la calidad de un activo.

Reevaluación Regular de la Estrategia de Inversión:
Es recomendable que los inversores revisen su cartera y realicen ajustes según el rendimiento histórico y las condiciones de mercado en lugar de dejarse llevar por activos que reciben alta cobertura en los medios. Tomarse el tiempo para analizar los datos y su contexto puede ayudar a mitigar el impacto del sesgo de disponibilidad.

Educación Financiera para Inversionistas Novatos:
Dado que los inversores novatos son más propensos a verse influenciados por el sesgo de disponibilidad, una educación financiera sólida podría ayudarlos a desarrollar una perspectiva más crítica y menos sesgada sobre los activos. Capacitarse para analizar datos históricos y tendencias a largo plazo puede ser clave para reducir este sesgo.

18. Efecto del Atractivo Visual en la Percepción de Calidad de un Producto Financiero: ¿Cómo influye el diseño en la confianza y decisión de los inversionistas?

En el mundo financiero, el atractivo visual de los productos ya sea una plataforma de inversión, un reporte financiero o una aplicación bancaria, juega un papel importante en la percepción de calidad y confianza de los inversionistas. A pesar de que los atributos visuales no afectan directamente los rendimientos o la seguridad de un producto financiero, diversos estudios sugieren que la estética puede influir significativamente en la decisión de los inversores.

El objetivo principal del estudio fue analizar si el diseño y la apariencia visual de un producto financiero —como una aplicación de inversión, un informe de rendimiento o una plataforma de trading— pueden influir en la percepción de calidad y en la confianza de los usuarios. Además, el estudio investigó si los productos con un diseño más atractivo se percibirían como más confiables y de mayor calidad, independientemente de su rendimiento real o las características técnicas del producto.

Se buscó también identificar cómo el atractivo visual afecta tanto a inversores novatos como a experimentados, y si existen diferencias en su respuesta a las características visuales de los productos.

Metodología

1. Selección de participantes
Se reclutaron 150 participantes divididos en dos grupos:

Inversionistas Novatos (80 personas): Aquellos con poca o ninguna experiencia en inversiones.

Inversionistas Experimentados (70 personas): Personas con al menos tres años de experiencia en inversiones y familiaridad con productos financieros.

2. Diseño del estudio
El estudio utilizó una metodología de simulación para evaluar las reacciones de los participantes ante distintos productos financieros. Se crearon dos versiones de una misma plataforma de inversión, que presentaba las mismas características técnicas y la misma información financiera, pero con diferencias en el atractivo visual:

Versión A (Alta Estética):
Diseñada con una interfaz visualmente atractiva, usando colores armónicos, gráficos bien detallados, una tipografía moderna y una estructura de contenido organizada y fácil de navegar.

Versión B (Baja Estética):
Se mantendrá la misma información, pero en una interfaz funcional con un diseño básico y sin detalles estéticos cuidados. Los colores eran neutros, la tipografía y los gráficos eran simples, y la estructura de contenido menos atractiva visualmente.

Cada participante pasó un tiempo explorando ambas versiones de la plataforma y evaluó su percepción de calidad, confianza y su disposición a utilizarla para gestionar sus inversiones.

3. Recopilación de Datos y Análisis

Después de usar ambas versiones de la plataforma, los participantes completaron una encuesta para medir su percepción sobre:
La calidad percibida de cada versión.
El nivel de confianza que les inspiraba.
La probabilidad de elegirla para realizar una inversión. Los datos se analizaron para identificar si el atractivo visual influía en estas percepciones, y si había diferencias notables entre los grupos de inversionistas novatos y experimentados.

Los resultados mostraron un impacto significativo del atractivo visual en la percepción de calidad y en la confianza en el producto financiero:

El 78% de los participantes calificó la versión visualmente atractiva (Versión A) como de mayor calidad que la versión más básica, incluso cuando ambas plataformas presentaban exactamente la misma información financiera.
Este efecto fue especialmente notorio entre los inversionistas novatos, de los cuales el 85% calificó la versión A como de mejor calidad, mientras que el porcentaje entre los inversionistas experimentados fue del 70%.

La versión visualmente atractiva generó más confianza en un 65% de los participantes en comparación con la versión B.

Entre los inversionistas novatos, el 75% reportó que se sentiría más seguro utilizando la versión A para sus inversiones, mientras que, entre los inversionistas experimentados, el 55% compartió esta percepción.

La mayoría de los participantes indicó que preferiría utilizar la versión A si tuviera que decidir entre ambas plataformas para sus inversiones. El 82% de los inversionistas novatos eligieron la plataforma con mayor atractivo visual, mientras que el 63% de los inversionistas experimentados mostraron preferencia por la misma.

El estudio sugiere que el atractivo visual es un factor importante en la percepción de calidad y confianza en los productos financieros, especialmente entre los inversionistas novatos. Los elementos estéticos parecen comunicar profesionalismo, seguridad y organización, factores que contribuyen a una mayor disposición para confiar y utilizar el producto, aun cuando el diseño no influye en el rendimiento del activo.

Los inversionistas experimentados, si bien también se ven influenciados por el diseño, tienden a enfocarse en las características técnicas y en la calidad de la información.

Implicaciones Prácticas para Empresas Financieras

Inversión en Diseño y Experiencia de Usuario:
Las instituciones financieras y desarrolladores de plataformas de inversión se pueden beneficiar de invertir en diseño de alta calidad y en mejorar la experiencia de usuario. Un diseño visual atractivo no

solo mejora la percepción del producto, sino que también puede aumentar la confianza y preferencia de los clientes, especialmente entre aquellos menos experimentados.

<u>Diseño como Herramienta de Ventaja Competitiva:</u>
En un mercado saturado de productos financieros, el diseño puede diferenciar una plataforma de otra, atrayendo a usuarios que buscan interfaces fáciles de navegar y visualmente atractivas. Esto puede ser especialmente útil para atraer a nuevos inversionistas que buscan orientación en su entrada al mundo de las finanzas.

<u>Educación para Inversores Novatos sobre Evaluación de Calidad:</u>
Los resultados del estudio sugieren que los inversionistas novatos tienden a depender en gran medida de la apariencia visual. Por lo tanto, es una ayuda para ofrecer educación financiera sobre cómo evaluar la calidad de un producto más allá de su estética para tomar decisiones más fundamentadas.

19. La Influencia de las Revisiones Sociales en las Decisiones de Compra Financiera: ¿Qué papel juegan las opiniones de otros usuarios en la elección de productos financieros?

La toma de decisiones en el ámbito financiero no se basa únicamente en la racionalidad. También está influenciada por factores sociales y psicológicos. Uno de estos factores es el impacto de las revisiones sociales (o reseñas de otros usuarios) en la percepción y elección de productos financieros, tales como aplicaciones de inversión, fondos mutuos, cuentas de ahorro, entre otros.

El estudio tuvo como objetivo principal comprender la influencia de las revisiones sociales en la percepción de calidad, confianza y la intención de compra de productos financieros. En específico, se propuso investigar si las reseñas de otros usuarios aumentan la disposición de los consumidores a adquirir un producto financiero o a invertir en una plataforma y, además, si existe una diferencia en el impacto de las reseñas positivas frente a las negativas.

Además, el estudio buscaba explorar si los inversionistas novatos y experimentados reaccionan de manera diferente ante las reseñas de otros usuarios en el contexto financiero.

Metodología

1. Selección de participantes
Se reclutaron a 200 participantes, segmentados en dos grupos:

Inversionistas Novatos (120 personas): Personas con poca experiencia en inversiones.

Inversionistas Experimentados (80 personas): Individuos con al menos cinco años de experiencia en la compra y evaluación de productos financieros.

2. Diseño del estudio

Para medir el impacto de las revisiones sociales, el estudio se llevó a cabo en un entorno simulado de compra de productos financieros. Se crearon perfiles ficticios de dos tipos de productos financieros: una aplicación de inversión y un fondo mutuo. A cada producto se le asignan dos escenarios distintos de revisión:

Producto A (Revisiones Positivas):
Este perfil incluyó críticas altamente positivas, en las cuales los usuarios elogiaban la facilidad de uso, las ganancias obtenidas y la seguridad del producto.

Producto B (Revisiones Negativas):
Este perfil presentaba revisiones negativas que resaltaban problemas como la dificultad de uso, bajas ganancias y experiencias negativas de servicio al cliente.

Cada participante fue asignado aleatoriamente a uno de los perfiles y evaluó ambos productos (la aplicación de inversión y el fondo mutuo), teniendo acceso a las reseñas y descripciones de cada uno.

3. Recopilación de Datos y Análisis

Se les pidió a los participantes que calificaran los productos en términos de:

Confianza en el producto.
Percepción de calidad basada en las revisiones.
Intención de compra o de inversión.

Estos datos se analizaron para observar cómo las revisiones influyeron en sus decisiones y si existían diferencias notables entre novatos y experimentados en cuanto a su sensibilidad ante las revisiones sociales.

Los resultados mostraron un impacto claro de las revisiones sociales en la percepción y la intención de compra de los productos financieros:

Los productos con reseñas positivas recibirán evaluación significativamente más alta en términos de confianza y percepción de calidad. El 82% de los participantes expresaron mayor disposición a adquirir o invertir en un producto con reseñas positivas.

Entre los inversionistas novatos, esta tendencia fue más pronunciada: el 90% se sintió más confiado en los productos con revisiones positivas en comparación con solo el 60% de los experimentados.

Las reseñas negativas tuvieron un fuerte impacto disuasivo, reduciendo la intención de compra en ambos grupos. Alrededor del 70% de los participantes optaron por evitar los productos con reseñas negativas, incluso cuando los beneficios y las características eran similares a los de los productos con reseñas positivas. Los inversionistas experimentados, aunque también se vieron influenciados, mostraron mayor capacidad para evaluar los productos con reseñas negativas de manera objetiva, siendo un 50% menos propensos a rechazar automáticamente estos productos en comparación con los novatos.

El efecto de las revisiones sociales fue más fuerte en la aplicación de inversión que en el fondo mutuo. Al ser un producto financiero con una interfaz digital directa y visible, las opiniones sobre la usabilidad, la seguridad y el soporte al cliente de la aplicación resultaron clave para la decisión de compra.

En el caso del fondo mutuo, los participantes se mostraron un poco más dispuestos a investigar más allá de las reseñas, especialmente los inversionistas experimentados, quienes preferían observar otros aspectos como el rendimiento histórico antes de basar su decisión en opiniones.

Este estudio ilustra la poderosa influencia de las revisiones sociales en la percepción y las decisiones de compra de productos financieros, especialmente en los inversionistas novatos. Las revisiones positivas son vistas como un signo de seguridad y confianza, mientras que las negativas tienden a desalentar significativamente la compra. Sin embargo, los inversionistas experimentados demostraron ser menos vulnerables a la influencia de las reseñas y se mostraron más analíticos en su proceso de decisión.
Esto sugiere que la información social tiene un peso considerable en la toma de decisiones financieras, particularmente cuando los consumidores carecen de experiencia o de conocimientos profundos sobre el producto.

Implicaciones Prácticas para Empresas Financieras

Monitoreo y Gestión de Reseñas:
Dado el impacto de las revisiones sociales, es esencial que las empresas financieras implementen estrategias para monitorear y responder rápidamente a las reseñas de los usuarios. Gestionar activamente las opiniones negativas y fomentar reseñas positivas

puede mejorar significativamente la percepción de sus productos y atraer a una mayor base de clientes, especialmente a los novatos.

<u>Educación Financiera para Clientes Novatos</u>:
Las instituciones pueden proporcionar a los clientes guías y herramientas de análisis que les permitan tomar decisiones más informadas, y no dependan únicamente de revisiones sociales. Esto podría fomentar una mayor independencia y seguridad en sus decisiones financieras.

<u>Transparencia y Comunicación Activa</u>:
Las empresas pueden crear secciones de preguntas frecuentes y ofrecer contenido informativo sobre el funcionamiento real de sus productos financieros. Esto contribuye a aumentar la confianza de los usuarios y reducir el impacto de posibles reseñas negativas.

20. Efecto del Optimismo en la Toma de Riesgos de Emprendedores: ¿Ayuda o perjudica?

El optimismo es una característica común en emprendedores que asumen riesgos para crear y desarrollar sus negocios, a menudo en contextos inciertos. La percepción optimista del futuro puede motivar a los emprendedores a iniciar y expandir sus empresas, pero también puede influir en la evaluación de riesgos, a veces conduciéndolos a decisiones imprudentes.

El objetivo principal de este estudio fue investigar la influencia del optimismo en la toma de riesgos entre emprendedores en etapas tempranas de desarrollo de sus negocios. Se examina si los emprendedores con altos niveles de optimismo están más dispuestos a asumir riesgos financieros, estratégicos y operativos en sus decisiones comerciales, y cómo este enfoque impacta los resultados empresariales a corto y largo plazo.

Además, el estudio buscó determinar si existe una relación entre el optimismo y la capacidad de los emprendedores para prever y gestionar potenciales obstáculos en sus empresas.

Metodología
1. Selección de participantes
El estudio incluyó a 300 emprendedores divididos en tres categorías, según la duración de su experiencia empresarial:
Emprendedores Novatos: Con menos de 2 años de experiencia.
Emprendedores Intermedios: Con entre 2 y 5 años de experiencia.
Emprendedores Experimentados: Con más de 5 años de experiencia.

2. Evaluación del optimismo
Los participantes completarán el Life Orientation Test (LOT-R), una escala psicométrica diseñada para medir el nivel de optimismo disposicional, permitiendo clasificar a los emprendedores como optimistas altos, moderados o bajos.

3. Toma de Decisiones y Evaluación de Riesgos
Luego, los emprendedores participaron en un ejercicio de simulación de toma de decisiones que incluía escenarios financieros y estratégicos de alto riesgo, tales como:

Decisiones sobre financiamiento y uso de deuda.
Expansión a nuevos mercados.
Adopción de tecnologías emergentes.
Aumento de personal sin garantía de ingresos adicionales.

En cada escenario, se les presenta información incompleta para reflejar la incertidumbre común en entornos empresariales reales. Los emprendedores eligieron entre opciones de riesgo bajo, moderado y alto, y justificaron sus decisiones.

4. Evaluación de Resultados a Corto y Largo Plazo
Después de la simulación, se llevó a cabo un seguimiento de seis meses en el que se evaluaron los resultados obtenidos por los emprendedores en sus negocios reales, considerando variables como:
Crecimiento de ingresos.
Incremento de cartera de clientes.
Nivel de estrés financiero y operativos.

El estudio reveló varias relaciones entre el optimismo y la toma de riesgos en los emprendedores:
Emprendedores con Alto Optimismo: Estos participantes mostraron una mayor disposición a asumir riesgos altos en los escenarios de simulación. Su actitud los llevó a elegir opciones de expansión agresivas y financiamiento elevado, argumentando su

confianza en la capacidad de crecimiento de sus empresas.

<u>Emprendedores con Optimismo Moderado y Bajo</u>: Aquellos con niveles moderados o bajos de optimismo fueron más conservadores. Prefirieron opciones de riesgo bajo o moderado y enfatizaron la importancia de la cautela y la estabilidad financiera.

Los emprendedores con un nivel alto de optimismo mostraron una tasa de crecimiento de ingresos y expansión de cartera de clientes superior a la de los otros grupos en el corto plazo. Sin embargo, también enfrentaron niveles más altos de estrés financiero y operativo, derivados de las mayores inversiones y compromisos asumidos.

El optimismo excesivo no siempre resultó en beneficios sostenibles. Después de seis meses, aproximadamente el 30% de los emprendedores optimistas enfrentaron dificultades financieras, especialmente aquellos que habían tomado decisiones de alto riesgo sin reservas de contingencia.

Por el contrario, los emprendedores con un optimismo moderado tuvieron una curva de crecimiento más lenta pero estable, con menos dificultades financieras a largo plazo. Este grupo mostró una mejor capacidad de adaptación ante problemas inesperados.

<u>Emprendedores Novatos:</u> En este grupo, el optimismo tuvo un impacto particularmente fuerte. Los novatos con optimismo alto mostraron una tendencia a asumir riesgos significativos, en ocasiones sin análisis

profundo de posibles riesgos. Esto los expuso a mayores dificultades financieras y operativas.

<u>Emprendedores Experimentados</u>: Aquellos con mayor experiencia mostraron una tendencia a equilibrar el optimismo con precaución. Los emprendedores optimistas con experiencia tendieron a planificar medidas de mitigación de riesgos, como reservas de efectivo y contingencias.

Los hallazgos sugieren que, aunque el optimismo puede ser un motor importante de crecimiento y expansión a corto plazo, un optimismo excesivo puede llevar a una toma de riesgos poco calculada, especialmente en emprendedores novatos. Por otro lado, un nivel moderado de optimismo parece ser beneficioso al equilibrar el impulso de crecimiento con la capacidad de planificación.

Además, el estudio sugiere que la experiencia juega un papel crucial en cómo los emprendedores optimistas manejan el riesgo. Aquellos con más experiencia tienen mayores probabilidades de mitigar los riesgos de sus decisiones, mientras que los novatos tienden a depender únicamente de su percepción positiva del futuro.

Implicaciones para Emprendedores y Empresas

<u>Promover un Optimismo Balanceado:</u>
Es una ventaja que los emprendedores mantengan una actitud optimista, pero este optimismo debe estar equilibrado con una planificación realista y herramientas de mitigación de riesgos.

<u>Capacitación y Mentoría para Emprendedores Novatos:</u>
Los programas de mentoría que orientan a los emprendedores sobre cómo evaluar y gestionar riesgos pueden ayudar a moderar el efecto del optimismo excesivo, proporcionando una base de conocimiento que apoye la toma de decisiones.

<u>Herramientas de Evaluación de Riesgos:</u>
Las empresas pueden beneficiarse del uso de herramientas de análisis y gestión de riesgos que ayudarán a evaluar el impacto de las decisiones antes de asumir compromisos financieros u operativos significativos.

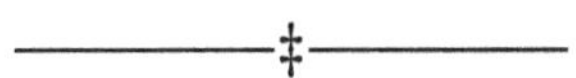

Si te ha resultado útil e interesante el presente libro, puedes ampliar la información y los conocimientos con las siguientes obras que encontrarás en esta plataforma:

• Oscuros experimentos psicológicos (Autor: Lic. Guillermo H. Pegoraro) 50 experimentos controvertidos y censurables en la historia de la Psicología

• Oscuros experimentos psicológicos II (Autor: Lic. Guillermo H. Pegoraro) 30 experimentos controvertidos e inquietantes en la historia de la Psicología

• 20 lecciones de Psicología Práctica: Para mejorar tu vida y alcanzar el éxito (Autor: Phillips Tahuer)

•	Experimentos sociales y globales (Autor: Marcus. W. Oliver)

•	Psicología práctica para los negocios (Autor: Phillips Tahuer)